Recettes sans courses

Stéphanie de Turckheim
présente ses

Recettes sans courses

hachette
CUISINE

Sommaire

Introduction

Nous avons tous et toutes un placard dans lequel nous rangeons nos provisions de base ou des étagères sur lesquelles nous les entreposons. Ces provisions sont le plus souvent des ingrédients secs ou en conserves qui se gardent grâce à des dates de péremptions lointaines.

Nous faisons des réserves afin de toujours avoir quelque chose à préparer à la dernière minute sans avoir besoin de faire les courses, ou alors le minimum. Quand je parle de dernière minute, cela ne veut pas dire que j'oublie les fondamentaux, juste que j'ai envie de cuisiner vite, bien et sainement. Que ce soit pour des amis qui s'invitent à 14 h pour le soir même, les enfants qui ramènent leurs copains mais aussi, pour ma famille, mon mari, mes enfants... Et j'ai un peu ras-le-bol des pâtes à la sauce tomate et au gruyère ou des pizzas que l'on commande à la va-vite et qui arrivent en général toujours tièdes !

Les provisions de base, nous les retrouvons dans tous les placards et étagères de cuisine. Elles sont quasiment les mêmes pour tout le monde. Aussi, j'ai fait une sélection des ingrédients que nous avons tous et toutes chez nous. Ils sont simples et basiques, vous les connaissez et vous avez l'habitude de les utiliser.

À partir de ces ingrédients, je vous propose des recettes gourmandes, festives et de tous les jours. Mais, ce qui va vous changer des autres livres de cuisine du placard, c'est que j'ajoute très peu de produits frais et que je vous propose d'aller uniquement dans un seul magasin.

Oui, c'est simple, en rentrant chez vous, vous passerez, en fonction des recettes choisies, soit chez le boucher, soit chez le poissonnier, soit chez le primeur. Vous ne courrez plus, vous serez efficace et organisé !

C'est tellement simple et c'est un vrai gain de temps et d'énergie pour un repas équilibré, bon et sain ! Renouvelez votre cuisine quotidienne et prenez plaisir à préparer des plats différents avec les recettes que je vous propose.

PRODUITS
DU PLACARD IDÉAL
+
1 INGRÉDIENT FRAIS
=
1 PLAT DÉLICIEUX

POUR UNE CUISINE IDÉALE

Finalement, en y réfléchissant bien, nous cuisinons sensiblement toujours la même chose et tournons autour des mêmes ingrédients, plats et épices, avec des variantes en fonction des saisons...

En réalité, de nombreuses recettes différentes s'offrent à vous. Il suffit de jouer avec les ingrédients, les détourner de leur usage habituel et, ainsi, de mettre de la fantaisie et de la gourmandise dans vos préparations.

Cet ouvrage va vous permette également de faire le tri dans votre garde-manger et de vous recentrer sur les essentiels. Résultat : moins de gaspi, moins de déchet et plus de plaisir.

Le placard idéal

CÉRÉALES, LÉGUMES SECS ET GRAINES

1. Haricots rouges
2`. Lentilles vertes
3. Quinoa
4. Boulgour
5. Mélange de graines
(graines de courges, graines de lin, graines de tournesol, sésame)

RIZ

6. Riz blanc (basmati ou simple)
Riz arborio ou riz rond à risotto

PÂTES ET SAUCES

7. Pâtes (farfalles, coquillettes, torsades, spaghettis, rigatonis…)
8. Pulpe de tomates (passata)
9. Pesto vert

CUISINE DU MONDE

10. Boîte de lait de coco
11. Nouilles de riz

CONSERVES DE LÉGUMES

12. Petits pois-carottes
13. Maïs
14. Champignons de Paris
15. Haricots verts

CONSERVES DE POISSONS

16. Maquereaux au vin blanc
17. Thon nature
18. Sardines à l'huile

PLATS CUISINÉS

19. Ratatouille en boîte
20. Soupes
21. Soupe de poissons

PAINS ET FARINE

22. Biscottes
23. Farine

APÉRITIFS

24. Chips ou tortillas
25. Tuc® nature
26. Cacahuètes
27. Olives

EN GÉNÉRAL, VOUS AUREZ CHEZ VOUS :

28. Huile d'olive
29. Huile neutre, tournesol ou colza
30. Vinaigre de vin
31. Moutarde
32. Mayonnaise
33. Ketchup
34. Cornichons
35. Sel fin
36. Poivre
37. Gros sel

CONCERNANT LES ÉPICES :

38. Curry (doux ou fort en fonction des palais)
39. Chili
40. Paprika
41. Cumin
42. Ail semoule
43. Persil
44. Ciboulette
45. Thym
46. Romarin
47. Origan
48. Cubes de bouillons (légumes, bœuf)

LE MINIMUM DANS VOTRE RÉFRIGÉRATEUR :

Beurre
Crème fraîche
Fromage râpé
Yaourt nature

NE SONT PAS COMPTABILISÉS DANS CETTE LISTE LES CONDIMENTS.

DES ASTUCES POUR DES RECETTES PLUS SAVOUREUSES ET PLUS INTENSES

Ouvrir son placard et voir que tout est bien rangé et à sa place est une satisfaction qui vous incitera à vous lancer en cuisine plus facilement. Quand tout est bien aligné et organisé, c'est facile de voir et de choisir ses ingrédients. C'est plus simple aussi de faire les courses pour se réapprovisionner, car on voit immédiatement **ce qu'il nous manque**. Enfin, c'est aussi plus simple de remarquer quels sont les produits que l'on achète et **que l'on n'utilise jamais.**

Essayez d'organiser vos placards ou étagères par type d'aliment. Faites **un placard salé et un placard sucré,** si possible. Vous pouvez aussi organiser votre placard en stockant les ingrédients dans des boîtes de rangement et/ou dans des bocaux. N'oubliez pas de **noter les dates de péremption** sur un scotch, une étiquette, ou directement dessus avec un feutre spécial.
Au retour des courses, prenez l'habitude de mettre les **nouveaux paquets dans le fond ou derrière** pour ne pas laisser passer les dates de péremption.

Organisez également vos placards de façon à pouvoir **nettoyer régulièrement** et facilement les espaces, pour éviter les bêtes alimentaires.

Concernant **les épices**, gardez-les à portée de main, près du plan de travail ou pas trop loin. Placez en évidence aussi, dans un panier ou une boîte ouverte, les **oignons, l'ail et le bouquet garni**. Ce sont des ingrédients que l'on utilise quotidiennement, qui apportent du goût et améliorent les plats.

Il est aussi possible de garder **les œufs** dans un panier dans la cuisine, sur une étagère ou sur le plan de travail. Ils ne se gardent pas forcément au frais.

ASTUCES POUR DES RECETTES PLUS SAVOUREUSES ET PLUS INTENSES

Ce qui fait la différence dans un plat est la façon dont on va le préparer, mais aussi et surtout les ingrédients que l'on utilise. Concernant les herbes, je recommande vivement de dégager un petit coin dans le congélateur et d'acheter des herbes surgelées : persil, coriandre, aneth, estragon, ciboulette, basilic, citronnelle et menthe.

Elles sont souvent conditionnées dans des petites briques en carton et ne prennent pas beaucoup de place. C'est pratique : on saupoudre et la saveur est incomparable à celle des herbes déshydratées.

Vous pouvez aussi les préparer vous-même. Il suffit de laver les herbes sous l'eau claire et de bien les sécher. Ciselez-les finement et conservez dans un sachet zippé au congélateur. Notez bien la date et le type. Ensuite, servez-vous quand vous en avez besoin. Concernant les épices, elles sont toutes conditionnées en pot et se conservent à température ambiante.

Plats avec de la viande

p. 28
VOYAGE AU LIBAN
p. 30
p. 32
ESCAPADE EN SICILE
p. 34
p. 44
p. 46
p. 48
p. 56
DES PAPILLOTES
p. 58
p. 62
DIRECTION L'AFRIQUE DU L'OUEST
p. 64

Chili haricots rouges,
tomate, chorizo piquant et crisp de tortillas

PRÉPARATION : 15 MIN
CUISSON : 45 MIN

INGRÉDIENTS
pour 4 personnes

BOUCHERIE
100 g de chorizo piquant
400 g de viande de bœuf hachée

PLACARD
2 oignons
2 gousses d'ail
1 boîte de haricots rouges (500 g)
1 petite boîte de maïs en grains (120 g)
2 cuil. à soupe de chili en poudre
1 cuil. à café de cumin en poudre
1 cuil. à soupe d'origan ou thym
3 cuil. à soupe de ketchup
1 boîte de pulpe de tomates (400 g)
50 cl de bouillon de bœuf ou de légumes
2 cuil. à soupe d'huile d'olive ou d'huile neutre
Sel, poivre

Accompagnement :
350 g de riz
Chips de tortillas
Fromage râpé

1. Épluchez et ciselez les oignons et l'ail. Enlevez la peau du chorizo et coupez-le en petits morceaux. Ouvrez les boîtes de haricots rouges et de maïs et égouttez-les. **2.** Versez de l'huile dans une cocotte et faites fondre les oignons et l'ail pendant 5 min. Ajoutez la viande hachée et faites-la cuire en mélangeant régulièrement pendant 5 min. Elle doit être bien brune et granuleuse. **3.** Ajoutez les épices : le chili, le cumin et l'origan. Mélangez bien puis versez le ketchup, les haricots rouges, le maïs et la pulpe de tomates. Mélangez et mouillez avec le bouillon de bœuf ou de légumes. Salez, poivrez, couvrez et laissez mijoter 30/35 min. Ajoutez un peu d'eau si nécessaire en milieu de cuisson, la préparation doit être souple et pas sèche. **4.** Pendant ce temps, faites cuire le riz selon les indications du paquet. Égouttez-le. **5.** Servez le chili avec des tortillas, que vous pouvez concasser sur la préparation, et du fromage râpé.

ASTUCE

VERSEZ 2 YAOURTS DANS UN BOL, AJOUTEZ UN PEU DE CUMIN EN POUDRE ET PROPOSEZ-LE AVEC LE CHILI POUR L'ADOUCIR.

BLANQUETTE DE DINDE
AUX CHAMPIGNONS DE PARIS ET GRAINS DE VANILLE

PRÉPARATION : 10 MIN
CUISSON : 25 MIN

INGRÉDIENTS

pour 4 personnes

BOUCHERIE
4 belles escalopes de dinde

RÉFRIGÉRATEUR
20 cl de crème fraîche

PLACARD
1 oignon
1 grosse boîte
de champignons
de Paris (env. 500 g)
1 cuil. à soupe de farine
20 cl de vin blanc
1 cube de bouillon
de légumes
1 cuil. à café de thym
1 pincée de vanille en poudre
400 g de riz blanc
1 jaune d'œuf
Huile d'olive
Sel, poivre

1. Coupez les escalopes de dinde en morceaux. Épluchez et ciselez finement l'oignon. Égouttez les champignons de Paris et rincez-les sous l'eau claire. **2.** Versez de l'huile d'olive dans une cocotte et faites-y fondre l'oignon pendant 1 min. Ajoutez les morceaux de dinde et faites-les légèrement dorer. Saupoudrez de farine, versez le vin blanc, mélangez et laissez cuire 2 min, le temps qu'il s'évapore. Émiettez le cube de bouillon, ajoutez le thym et versez 20 cl d'eau. Laissez mijoter à couvert pendant 10 min. Ajoutez 1 pincée de vanille et les champignons. Mélangez et laissez cuire encore 10 min. **3.** Faites cuire le riz à part selon les indications du paquet puis égouttez-le. **4.** Versez la crème dans un bol et ajoutez le jaune d'œuf. Mélangez bien. **5.** Ajoutez la préparation crème-œuf dans la cocotte et mélangez. Coupez le feu, goûtez, salez et poivrez. Servez bien chaud avec le riz.

VARIANTE

REMPLACEZ LA DINDE PAR DU VEAU, OU DU TEMPEH POUR UNE VERSION VEGGIE. REMPLACEZ LE RIZ PAR DES PÂTES.

Pad thaï express au poulet
et cacahuètes grillées

PRÉPARATION : 10 MIN
CUISSON : 10 MIN

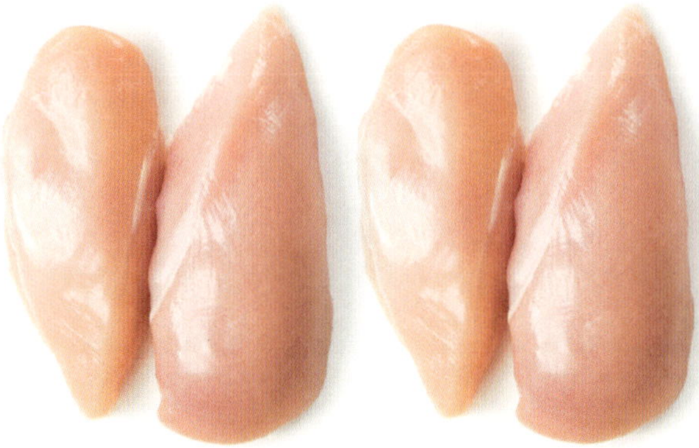

INGRÉDIENTS
pour 4 personnes

BOUCHERIE
4 gros blancs de poulet fermier

PLACARD
250 g de nouilles de riz
4 échalotes
3 gousses d'ail
4 cuil. à soupe de cacahuètes
2 œufs
8 cuil. à soupe de nuoc-mâm
2 cuil. à soupe de coriandre séchée
1 cuil. à café de gingembre en poudre
4 cuil. à soupe de sauce chili douce
1 cuil. à café de Tabasco®
1 trait de vinaigre blanc (ou citron)
Huile neutre
Sel, poivre

VARIANTE

REMPLACEZ LES BLANCS DE POULET PAR DES CREVETTES OU DU TOFU, LA CORIANDRE PAR DU BASILIC, LES ÉCHALOTES PAR 1 OIGNON ET LE TABASCO® PAR 1 PETITE POINTE DE COUTEAU DE PIMENT.

ASTUCE

AJOUTEZ UNE BOÎTE DE MAÏS À LA FIN DE LA RECETTE.

1. Faites cuire les nouilles selon les indications du paquet. Réservez-les. **2.** Coupez les blancs de poulet en morceaux. Épluchez et ciselez finement les échalotes et l'ail. Écrasez grossièrement les cacahuètes. **3.** Versez un bon filet d'huile neutre dans un wok et faites dorer le poulet pendant 4/5 min. **4.** Pendant ce temps, cassez les œufs dans un bol et ajoutez la sauce nuoc-mâm. Fouettez à l'aide d'une fourchette et ajoutez 2 cuil. à soupe de coriandre séchée. **5.** Réservez les morceaux de poulet sur une assiette. **6.** Ajoutez, dans le wok, les échalotes et l'ail et laissez fondre pendant 1 min. Saupoudrez d'1 cuil. à soupe de gingembre et versez la préparation nuoc-mâm et œufs. Laissez-la prendre légèrement, c'est-à-dire que les œufs doivent rester bien crémeux. **7.** Ajoutez les nouilles, la sauce chili et le Tabasco®. Mélangez bien et incorporez les blancs de poulet et les cacahuètes. Versez un trait de vinaigre blanc pour l'acidité. Mélangez, goûtez puis salez et poivrez si nécessaire, ou ajoutez un peu de coriandre.

Poélée de steak émincé

aux haricots verts, tomate et graines torréfiées

PRÉPARATION : 10 MIN
CUISSON : 17 MIN

INGRÉDIENTS

pour 4 personnes

BOUCHERIE
4 steaks de bœuf

PLACARD
1 oignon
2 gousses d'ail
1 boîte de haricots verts (400 g)
3 cuil. à soupe de mélange de graines
1 boîte de pulpe de tomates (env. 200 g)
Basilic séché
Huile d'olive
Sel, poivre

VARIANTE

REMPLACEZ LES STEAKS PAR DU POULET, DE LA DINDE OU DU FILET MIGNON DE PORC.

ASTUCE

POUR UN PLAT PLUS CONSISTANT, AJOUTEZ UNE BOÎTE DE HARICOTS ROUGES.

1. Coupez les steaks en lanières. Épluchez et hachez finement l'oignon et l'ail. Égouttez les haricots verts. **2.** Faites chauffer une poêle sans matière grasse et faites revenir le mélange de graines pendant 1 min. Réservez. **3.** Versez de l'huile dans une grande poêle et faites fondre l'oignon et l'ail pendant 1 min. Ajoutez les morceaux de steak et faites revenir pendant 4 à 5 min, ou plus si vous aimez bien cuit. **4.** Versez la pulpe de tomates et ajoutez 1 cuil. à soupe de basilic. Laissez mijoter 5 min et incorporez les haricots verts. Mélangez bien et laissez encore cuire 5 min. **5.** Salez, poivrez et parsemez de graines. Servez bien chaud.

Kebbé
et sauce tomate à l'ail

PRÉPARATION : 20 MIN
CUISSON : 55 MIN

MATÉRIEL
mixeur

INGRÉDIENTS
pour 4 personnes

BOUCHERIE
400 g de bœuf haché

PLACARD
100 g de boulgour
1 oignon
1 cuil. à soupe de coriandre séchée
1 pincée de paprika en poudre
1/2 cuil. à café de mélange cinq-épices
Huile d'olive
Huile de friture
Sel, poivre

Pour la sauce tomate à l'ail :
1 oignon
2 gousses d'ail
1 boîte de pulpe de tomates (env. 200 g)
1 pincée de sucre
1 cuil. à soupe de basilic, coriandre ou origan séchés
Huile d'olive
Sel, poivre

VARIANTE

REMPLACEZ LE MÉLANGE CINQ-ÉPICES PAR UN MÉLANGE DE PIMENT DE CAYENNE, CLOU DE GIROFLE, GINGEMBRE ET CANNELLE.

1. Commencez par préparer la sauce tomate à l'ail. Épluchez et ciselez finement l'oignon et l'ail. Versez 1 filet d'huile d'olive dans une poêle et faites revenir l'ail et l'oignon pendant 1 min. Versez la pulpe de tomates, ajoutez le sucre, les herbes, salez et poivrez. Laissez cuire 10/12 min à feu doux. **2.** Faites cuire le boulgour selon les indications du paquet ou versez le boulgour dans un saladier et couvrez d'eau bouillante. Laissez gonfler 8/10 min. **3.** Préparez la farce. Épluchez et ciselez 1 oignon. Versez un bon filet d'huile d'olive dans une poêle et faites revenir l'oignon pendant 1 min puis ajoutez 330 g de viande hachée, la coriandre, salez et poivrez. Laissez cuire 20/25 min en mélangeant régulièrement.

ASTUCE

SERVEZ AVEC DU YAOURT ASSAISONNÉ D'AIL ET D'HERBES.

4. Quand le boulgour est prêt, mettez-le dans le mixeur, ajoutez les 70 g de viande hachée crue restants, le paprika, salez et poivrez. Mixez finement en pâte, versez un peu d'eau si la préparation est trop dure. **5.** Assaisonnez la viande cuite, ajoutez le mélange cinq-épices et mélangez bien. **6.** Prenez de la préparation à base de boulgour et étalez-la dans la paume de votre main, ajoutez 1 cuil. à café de viande au centre, refermez. Procédez ainsi jusqu'à épuisement des ingrédients. **7.** Versez de l'huile de friture dans une grande poêle, plongez-y les boulettes et faites dorer. Égouttez-les sur du papier absorbant. **8.** Servez les boulettes avec le coulis de tomates à l'ail.

BOULETTES D'AGNEAU ÉPICÉES

AUX GRAINES ET SAUCE VERTE

PRÉPARATION : 15 MIN
CUISSON : 10 MIN

MATÉRIEL
mixeur

INGRÉDIENTS
pour 4 personnes

BOUCHERIE
500 g de viande d'agneau hachée

RÉFRIGÉRATEUR
2 yaourts

PLACARD
1 oignon
3 gousses d'ail
1 pincée de piment
1 cuil. à café de cumin en poudre
3 cuil. à soupe de persil séché
1 cuil. à soupe d'origan séché
Huile d'olive
Sel, poivre

Pour la sauce verte :
1 gousse d'ail
1 grosse boîte de haricots verts (env. 400 g)
1 cuil. à café de menthe séchée

VARIANTES

AJOUTEZ DES GRAINS DE FENOUIL DANS LA VIANDE. PARFUMEZ AVEC DU CURRY POUR D'AUTRES SAVEURS ET SERVEZ AVEC DU RIZ.

ASTUCE

POUR UN REPAS COMPLET, SERVEZ AVEC DU BOULGOUR OU DU QUINOA.

1. Préparez la sauce verte. Épluchez et coupez en quatre la gousse d'ail. Égouttez les haricots verts et versez-les dans le mixeur, ajoutez l'ail, les yaourts, la menthe, 1 filet d'huile d'olive, salez et poivrez. Mixez en crème. Goûtez et rectifiez l'assaisonnement. Réservez au frais. **2.** Mettez l'agneau haché dans un saladier. Épluchez, hachez l'oignon et les gousses d'ail et ajoutez-les dans le saladier. Saupoudrez de piment, plus ou moins selon les goûts, de cumin, de persil, d'origan puis salez et poivrez. Versez 1 filet d'huile d'olive. Mélangez bien pour que la préparation soit bien homogène. Façonnez des boulettes entre la paume de vos mains. **3.** Versez de l'huile dans une poêle et faites dorer les boulettes pendant une bonne dizaine de minutes en mélangeant régulièrement. Dégustez avec la sauce verte.

Arancinis à la sicilienne
en 4 versions

PRÉPARATION : 15 MIN
CUISSON : ENVIRON 10 MIN

MATÉRIEL
Rouleau à pâtisserie
Torchon propre

INGRÉDIENTS
pour 4 personnes

BOUCHERIE
60 g de jambon cru

RÉFRIGÉRATEUR
60 g de fromage râpé

PLACARD

VARIANTE 1

350 g de riz rond ou à risotto
4 biscottes
1 petite boîte de petits pois et carottes (env. 60 g)
1 cuil. à café de ciboulette séchée
1 œuf
4 cuil. à soupe de farine
Huile de friture
Sel, poivre

VARIANTE 2

320 g de riz rond ou à risotto
1 paquet de chips de tortillas
1 petite boîte de maïs (env. 60 g)
1 pincée de piment doux
1 œuf
4 cuil. à soupe de farine
Huile d'olive
Sel, poivre

VARIANTE 3

320 g de riz rond ou à risotto
4 biscottes
1 petite boîte d'olives noires (env. 60 g)
1 cuil à café d'origan séché
3 cuil. à soupe de pulpe de tomates
1 œuf
4 cuil. à soupe de farine
Huile d'olive
Sel, poivre

VARIANTE 4

320 g de riz rond ou à risotto
4 biscottes
60 g de ratatouille en boîte
1 cuil. à café d'origan séché
1 œuf
4 cuil. à soupe de farine
Huile de friture
Sel, poivre

PRÉPARATION POUR TOUTES LES RECETTES :

1. Faites cuire le riz rond ou à risotto selon les indications du paquet. Égouttez-le. **2.** Préparez la chapelure. Mettez les biscottes ou les chips de tortillas dans un torchon propre et écrasez-les en passant dessus un rouleau à pâtisserie. **3.** Coupez le jambon en lanières.

ASTUCE

SI VOUS PRÉPAREZ LES ARANCINIS POUR UN APÉRO, VOUS POURREZ RÉALISER 16 PETITES BOULES AVEC CETTE QUANTITÉ. À DÉGUSTER CHAUD OU FROID.

VARIANTE 1

1. Égouttez la boîte de petits pois et carottes et mettez-les dans un bol. Ajoutez les lanières de jambon, la ciboulette et le fromage râpé. Poivrez et mélangez bien. **2.** Formez 8 belles boules de riz dans la paume de vos mains et creusez un trou dans chaque boule. Ajoutez la préparation précédente. Refermez avec le riz. **3.** Cassez l'œuf dans une assiette creuse, ajoutez 1 pincée de sel et battez-le à la fourchette. Versez la farine et la chapelure dans 2 autres assiettes creuses. **4.** Passez les arancinis dans la farine, l'œuf puis la chapelure. Versez de l'huile dans une poêle et faites frire les arancinis jusqu'à ce que le tout soit bien doré. Égouttez sur du papier absorbant.

VARIANTE 2

1. Égouttez la boîte de maïs et mettez les grains dans un bol. Ajoutez les lanières de jambon, 1 pincée de piment et le fromage râpé. Mélangez bien. **2.** Formez 8 belles boules de riz dans la paume des mains et creusez un trou. Ajoutez la préparation précédente et refermez bien. **3.** Cassez l'œuf dans une assiette creuse, ajoutez 1 pincée de sel et battez-le à la fourchette. Versez la farine et la chapelure de tortillas dans 2 autres assiettes creuses. **4.** Passez les arancinis dans la farine, l'œuf puis la chapelure. Versez de l'huile dans une poêle et faites frire les arancinis jusqu'à ce que le tout soit bien doré. Égouttez sur du papier absorbant.

VARIANTE 3

1. Coupez les olives noires en morceaux. Mettez-les dans un bol et ajoutez les lanières de jambon, l'origan, le fromage râpé et 3 cuil. à soupe de pulpe de tomates. Poivrez et mélangez bien. **2.** Formez 8 belles boules de riz dans la paume des mains et creusez un trou. Ajoutez la préparation précédente et refermez bien. **3.** Cassez l'œuf dans une assiette creuse, ajoutez 1 pincée de sel et battez-le à la fourchette. Versez la farine et la chapelure dans 2 autres assiettes creuses. **4.** Passez les arancinis dans la farine, l'œuf puis la chapelure. Versez de l'huile dans une poêle et faites frire les arancinis jusqu'à ce que le tout soit bien doré. Égouttez sur du papier absorbant.

VARIANTE 4

1. Ouvrez la boîte de ratatouille et prélevez les morceaux de légumes (environ 60 g). Mettez-les dans un bol, ajoutez les lanières de jambon, l'origan et le fromage râpé. Poivrez et mélangez bien. **2.** Formez 8 belles boules de riz et formez un trou. Ajoutez la préparation précédente et refermez bien. **3.** Cassez l'œuf dans une assiette creuse, ajoutez 1 pincée de sel et battez-le à la fourchette. Versez la farine et la chapelure dans 2 autres assiettes creuses. **4.** Passez les arancinis dans la farine, l'œuf puis la chapelure. Versez de l'huile dans une poêle et faites frire les arancinis jusqu'à ce que le tout soit bien doré. Égouttez sur du papier absorbant.

ESCALOPE DE VEAU FARCIE

AUX CHAMPIGNONS DE PARIS ET SAUCE CRÉMEUSE

PRÉPARATION : 15 MIN
CUISSON : 27 MIN

INGRÉDIENTS

pour 4 personnes

BOUCHERIE
4 escalopes extra-fines de veau

RÉFRIGÉRATEUR
40 cl de crème fraîche

PLACARD
2 échalotes
1 grosse boîte de champignons de Paris (400 g)
1 cuil. à soupe de moutarde (forte ou en grains)
1 cuil. à soupe d'estragon séché
1 cuil. à soupe de vinaigre
Huile d'olive
Sel, poivre

Accompagnement :
350 g de boulgour

VARIANTES

REMPLACEZ LES ÉCHALOTES PAR 1 OIGNON, L'ESTRAGON PAR DU PERSIL OU DE LA CIBOULETTE ET LE RIZ PAR DES PÂTES. POUR LES INTOLÉRANTS À LA CRÈME, UTILISEZ UNE PRÉPARATION À BASE DE SOJA.

1. Épluchez et ciselez les échalotes. Égouttez les champignons. Versez la crème dans un bol, ajoutez la moutarde, l'estragon, poivrez bien et mélangez. **2.** Faites cuire le boulgour selon les indications du paquet. **3.** Versez 1 filet d'huile d'olive dans une poêle et faites cuire les escalopes de veau pendant 3 min de chaque côté. Réservez sur une assiette. **4.** Déglacez la poêle avec le vinaigre, décollez les sucs en grattant avec une cuillère en bois puis versez dans un petit bol. **5.** Versez à nouveau un peu d'huile d'olive dans la poêle et faites fondre les échalotes pendant 3 min en mélangeant. Ajoutez les champignons et laissez-les se réchauffer pendant 3 à 4 min. Réservez-les dans un bol. **6.** Prenez 1 escalope et ajoutez des champignons sur une partie, rabattez simplement et faites de même avec les 3 autres. Versez la crème dans la poêle, ajoutez les sucs de cuisson et portez à petits bouillons. Déposez délicatement les escalopes aux champignons. **7.** Laissez se réchauffer 3 à 4 min et servez avec le boulgour bien chaud en accompagnement.

WOK DE FILET MIGNON
AUX GRAINS DE MAÏS, MIEL ET GINGEMBRE

PRÉPARATION : 10 MIN
CUISSON : 25 MIN

INGRÉDIENTS
pour 4 personnes

BOUCHERIE
1 kg de filet mignon coupé en petits morceaux

PLACARD
2 oignons
3 gousses d'ail
1 grosse boîte de maïs (env. 400 g)
1 cuil. à soupe de gingembre en poudre
8 cuil. à soupe de sauce soja
1 cuil. à soupe de miel
Ciboulette séchée
Huile neutre
Poivre

Accompagnement :
200 g de nouilles de riz

1. Épluchez et ciselez finement les oignons et les gousses d'ail. Égouttez les grains de maïs. **2.** Faites cuire les nouilles de riz selon les indications du sachet. Égouttez-les. **3.** Versez 1 bon filet d'huile dans un wok et faites revenir l'oignon et l'ail pendant 2 min. Ajoutez les morceaux de filet mignon et laissez cuire en mélangeant pendant 10 min. **4.** Saupoudrez de gingembre en poudre et déglacez avec la sauce soja. Mélangez, ajoutez le miel. Laissez mijoter 5 min en mélangeant régulièrement. **5.** Ajoutez le maïs et les nouilles de riz. Mélangez, ajoutez de la sauce soja si nécessaire, poivrez et laissez réchauffer le tout, puis goûtez et rectifiez l'assaisonnement si besoin. Parsemez de ciboulette et servez bien chaud.

VARIANTE AU CURRY

REMPLACEZ LA SAUCE SOJA PAR 1 BOÎTE DE LAIT DE COCO, GARDEZ LE GINGEMBRE EN POUDRE ET AJOUTEZ 2 CUIL. À SOUPE DE CURRY. NE METTEZ PAS DE MIEL ET REMPLACEZ LA CIBOULETTE PAR DE LA CORIANDRE SÉCHÉE.

RÔTI DE PORC AUX OLIVES

PRÉPARATION : 5 MIN
CUISSON : 1H05

INGRÉDIENTS
pour 4 personnes

BOUCHERIE
1,2 kg de rôti de porc

PLACARD
1 gros oignon
2 gousses d'ail
1 cuil. à soupe de thym séché
1 gros bocal d'olives (400 g)
Huile d'olive
Sel, poivre

1. Épluchez et ciselez finement l'oignon et l'ail. Versez un bon filet d'huile d'olive dans une cocotte et laissez fondre l'oignon et l'ail pendant 2 min. **2.** Salez et poivrez le rôti et déposez-le dans la cocotte. Saisissez-le bien de tous les côtés. **3.** Parsemez de thym, versez un verre d'eau, couvrez et laissez mijoter 1 h. Surveillez la cuisson et retournez le rôti régulièrement, ajoutez de l'eau si nécessaire. **4.** Au bout de ce temps, ajoutez les olives et laissez cuire encore 10 min, pas plus, pour éviter qu'elles ne deviennent amères.

VARIANTE SANS OLIVES

DÉGLACEZ LE RÔTI AVEC DU VIN (OU 25 CL DE BOUILLON DE LÉGUMES), AJOUTEZ 1 BOÎTE DE PULPE DE TOMATES, DE L'ORIGAN SÉCHÉ OU DES HERBES DE PROVENCE ET 1 TRAIT DE MIEL. SERVEZ AVEC DES PÂTES OU DU RIZ.

SAUTÉ DE CHIPOLATAS AU MAÏS,
GINGEMBRE ET SOJA

PRÉPARATION : 5 MIN
CUISSON : 12 MIN

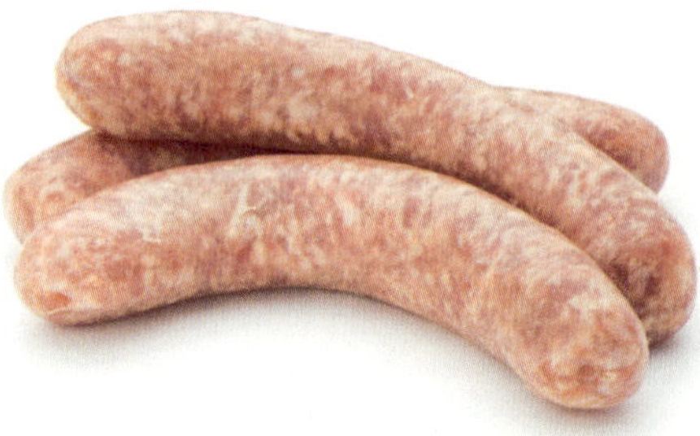

INGRÉDIENTS

pour 4 personnes

BOUCHERIE
8 chipolatas

PLACARD
1 boîte de maïs (400 g)
8 cuil. à soupe de sauce soja
2 cuil. à soupe de miel
2 cuil. à soupe de gingembre en poudre
1 cuil. à soupe de ciboulette séchée
Huile neutre
Sel, poivre

1. Coupez les chipolatas en morceaux. Égouttez le maïs en grains. **2.** Versez de l'huile dans une poêle et faites chauffer. Ajoutez les morceaux de chipolatas et laissez cuire 10 min en mélangeant régulièrement. **3.** Versez la sauce soja dans un bol, ajoutez le miel et le gingembre. Mélangez bien. **4.** Versez dans la poêle, mélangez et enrobez bien les morceaux de chipolatas. Ajoutez les grains de maïs, assaisonnez si besoin, laissez réchauffer 1 min et servez le tout parsemé de ciboulette.

VARIANTE

SUPPRIMEZ LE GINGEMBRE, LA SAUCE SOJA ET LE MIEL ET REMPLACEZ PAR 1 BOÎTE DE TOMATES CONCASSÉES, DE L'ORIGAN SÉCHÉ ET DES HARICOTS ROUGES.

Fagots de jambon fumé aux haricots verts
et champignons de Paris sautés à l'ail

PRÉPARATION : 15 MIN
CUISSON : 5 MIN

INGRÉDIENTS

pour 4 personnes

BOUCHERIE
12 belles tranches de jambon cru pas trop fines

PLACARD
1 oignon
3 gousses d'ail
1 boîte de champignons de Paris (250 g)
1 boîte de haricots verts (400 g)
1 cuil. à soupe de persil séché
Huile d'olive
Sel, poivre

ASTUCE

FAITES GRILLER À SEC 3 CUIL. À SOUPE DE MÉLANGE DE GRAINES ET AJOUTEZ-LES AVANT DE SERVIR.

1. Épluchez et ciselez l'oignon et l'ail. Égouttez les champignons et de haricots verts. **2.** Versez un filet d'huile d'olive dans une poêle et faites fondre l'oignon et l'ail pendant 2 min. Ajoutez les champignons et les haricots verts, salez, poivrez, ajoutez le persil et mélangez. **3.** Étalez les tranches de jambon cru. Garnissez de préparation puis roulez chaque tranche sur elle-même. Procédez ainsi jusqu'à épuisement des ingrédients et servez chaud.

Émincé de poulet fermier grillé

et salsa ratatouille piquante avec olives et herbes

PRÉPARATION : 20 MIN
CUISSON : 10 MIN

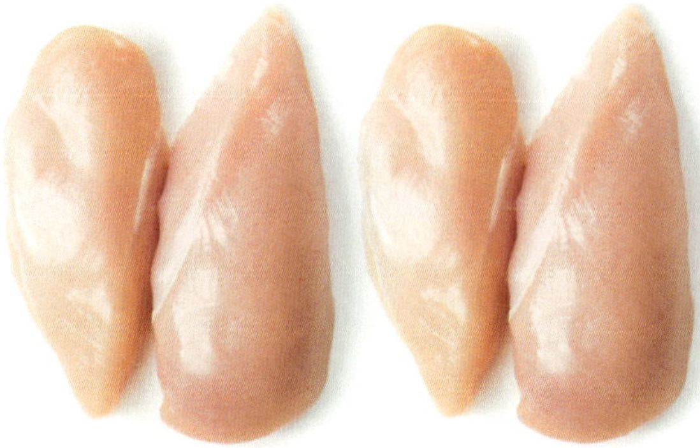

INGRÉDIENTS
pour 4 personnes

BOUCHERIE
4 blancs de poulet fermier

PLACARD
1 bocal d'olives (env. 200 g)
1 oignon
2 gousses d'ail
1 grosse boîte de ratatouille (500 g)
1 pincée de piment en poudre
1 cuil. à café de basilic, thym ou origan séché
Huile d'olive
Sel, poivre

1. Émincez les blancs de poulet. Égouttez les olives, dénoyautez-les et coupez-les en rondelles. Épluchez et hachez l'oignon et l'ail. **2.** Versez 1 petit filet d'huile d'olive dans une casserole et faites fondre l'oignon et l'ail pendant 2 min. Versez la ratatouille et ajoutez les olives, du piment et les herbes de votre choix. Mélangez et laissez cuire à feu doux pendant 10 min. **3.** Versez de l'huile dans une poêle et faites dorer les morceaux de poulet. Salez et poivrez bien. **4.** Servez le tout ensemble.

ASTUCE

POUR DU CROQUANT, FAITES DES CROÛTONS «BISCOTTES». GRATTEZ DES BISCOTTES AVEC 1 GOUSSE D'AIL SUR UNE FACE. SALEZ, POIVREZ, PARSEMEZ DE THYM ET AJOUTEZ 1 FILET D'HUILE D'OLIVE. CASSEZ-LES GROSSIÈREMENT ET FAITES-LES REVENIR DANS UNE POÊLE SANS MATIÈRE GRASSE EN SURVEILLANT BIEN. PARSEMEZ SUR LA RATATOUILLE ÉPICÉE.

Soupe chinoise,
en 4 versions

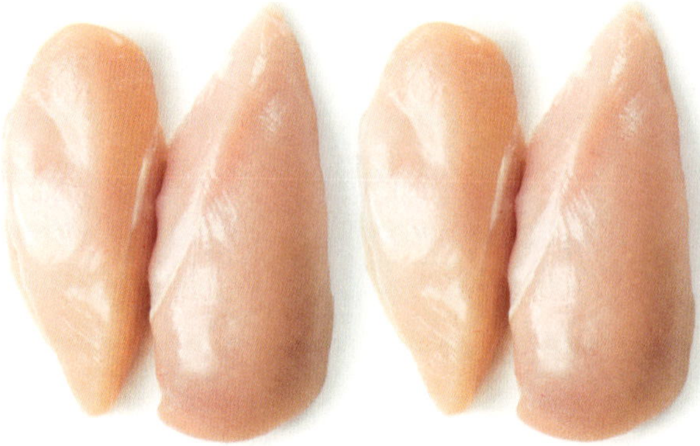

INGRÉDIENTS
pour 4 personnes

BOUCHERIE
4 blancs de poulet fermier
(env. 300 g)

PLACARD

VARIANTE 1

1 cube de bouillon de légumes
1 grosse boîte de champignons de Paris (400 g)
1 boîte de maïs (140 g)
4 cuil. à café de ciboulette séchée
2 cuil. à soupe de sauce soja
3 cuil. à soupe de sauce nuoc-mâm
Sel, poivre

VARIANTE 2

1 cube de bouillon de légumes
3 cuil. à soupe de coriandre séchée
2 cuil. à soupe de citronnelle en morceaux
1 cuil. à soupe de gingembre en poudre
200 g de nouilles de riz
3 cuil. à soupe de cacahuètes
Sauce soja
Sel, poivre

VARIANTE 3

1 cube de bouillon de légumes
1 boîte de lait de coco (400 ml)
1 pincée de piment en poudre
2 cuil. à soupe de curry en poudre
1 cuil. à café de gingembre en poudre
3 cuil. à soupe de coriandre séchée
1 boîte de champignons de Paris (250 g)
3 cuil. à soupe de sauce nuoc-mâm
2 cuil. à soupe de sauce soja
1 trait de vinaigre de riz ou blanc
Sel, poivre

VARIANTE 4

1 oignon
1 gousse d'ail
1 grosse boîte de haricots rouges (400 g)
1 boîte de pulpe de tomates (env. 200 g)
Chips de tortillas
1 cuil. à café de cumin en poudre
1 pointe de couteau de piment
3 cuil. à soupe de coriandre séchée
1 cube de bouillon de légumes
Huile d'olive
Sel, poivre

VARIANTE 1

1. Émincez finement les blancs de poulet. Versez 1 l d'eau dans une casserole et émiettez le bouillon de légumes. Portez à petits bouillons et ajoutez les morceaux de poulet. **2.** Laissez mijoter à feu doux 8/10 min. Égouttez les champignons et le maïs. Répartissez-les équitablement dans le fond de 4 bols. Parsemez de ciboulette. **3.** À l'aide d'une écumoire, déposez les morceaux de poulet sur la préparation. Versez dans le bouillon la sauce soja et le nuoc-mâm. Rectifiez l'assaisonnement si nécessaire. **4.** Mélangez et versez dans les bols. Goûtez et ajoutez de la sauce soja si nécessaire. Dégustez bien chaud.

ASTUCE

VARIEZ LES BOUILLONS : POULE, LÉGUMES OU HERBES. AJOUTEZ UN DEUXIÈME CUBE SI VOUS AIMEZ UNE SAVEUR PLUS PARFUMÉE.

VARIANTE 2

1. Émincez finement les blancs de poulet. Versez 1 l d'eau dans une casserole, émiettez le bouillon de légumes, ajoutez la coriandre, la citronnelle, le gingembre. Ajoutez les blancs de poulet et faites cuire à petits bouillons pendant 8 min. **2.** Réhydratez les nouilles de riz selon les indications du paquet. **3.** Faites griller les cacahuètes à sec dans une poêle. **4.** Répartissez équitablement les nouilles de riz dans 4 bols ou assiettes creuses, ajoutez les blancs de poulet à l'aide d'une écumoire. **5.** Arrosez de bouillon, ajoutez un bon filet de sauce soja, ajustez l'assaisonnement, parsemez de cacahuètes et dégustez bien chaud.

VARIANTE 3

1. Émincez finement le poulet. Versez 50 cl d'eau dans une casserole et émiettez le cube de bouillon. Ajoutez le lait de coco, remplissez la boîte d'eau et versez-la dans la casserole. Parfumez avec le piment, le curry, le gingembre et la coriandre. Mélangez et ajoutez les morceaux de poulet. Faites chauffer et laissez cuire 8 min à petits bouillons. **2.** Égouttez les champignons de Paris et disposez-les dans 4 bols. Ajoutez à l'aide d'une écumoire les morceaux de poulet. **3.** Versez dans le bouillon la sauce nuoc-mâm, la sauce soja et le vinaigre de riz. Goûtez, rectifiez l'assaisonnement si nécessaire et versez dans les bols. Dégustez bien chaud.

VARIANTE 4

1. Émincez les blancs de poulet. Épluchez et hachez l'oignon et la gousse d'ail. Rincez les haricots rouges sous l'eau froide. Ouvrez la boîte de pulpe de tomates. Cassez grossièrement les chips de tortillas. **2.** Versez un filet d'huile d'olive dans une grande casserole et faites revenir à feu doux l'oignon et l'ail pendant 2 min. Ajoutez les blancs de poulet et faites-les légèrement dorer. Saupoudrez de cumin et d'une pointe de piment. Mélangez, ajoutez la coriandre, la pulpe de tomates et les haricots rouges. Émiettez le cube de bouillon et couvrez bien d'eau. Laissez mijoter 10 min. **3.** Servez dans des assiettes creuses ou des bols, ajoutez un trait d'huile d'olive, salez, poivrez et ajoutez les tortillas.

Rôti de bœuf
en croûte de pesto

PRÉPARATION : 10 MIN
CUISSON : 35 MIN

INGRÉDIENTS

pour 4 personnes

BOUCHERIE
1 rôti de bœuf (env. 1 kg)
6 tranches fines de lard fumé

PLACARD
1 pot de pesto
2 cuil. à soupe de mélange de graines
Sel, poivre

1. Préchauffez le four à 180 °C (th. 6). Enlevez le gras et les fils du rôti s'il y en a. **2.** Versez le pesto dans un bol, ajoutez le mélange de graines et mélangez. **3.** Tartinez le rôti de ce mélange et couvrez-le de tranches de lard fumé en les déposant les unes à côté des autres. Salez légèrement et poivrez bien. **4.** Enfournez pour 30/35 min pour un rôti saignant ou plus longtemps si vous aimez plus cuit.

ASTUCE

SERVEZ AVEC DES CÉRÉALES OU DES PETITS POIS.

VARIANTE EN CROÛTE D'OLIVES

ÉGOUTTEZ ENVIRON 160 G D'OLIVES, DÉNOYAUTEZ-LES SI NÉCESSAIRE ET METTEZ-LES DANS UN MIXEUR. AJOUTEZ 1 GOUSSE D'AIL, 1 CUIL. À SOUPE DE THYM OU DE ROMARIN SÉCHÉ, 1 BON FILET D'HUILE D'OLIVE ET MIXEZ GROSSIÈREMENT. BADIGEONNEZ LE RÔTI DE CETTE PRÉPARATION AVANT DE LE FAIRE CUIRE.

CURRY DE POULET
AU LAIT DE COCO ET CACAHUÈTES

PRÉPARATION : 10 MIN
CUISSON : 10 MIN

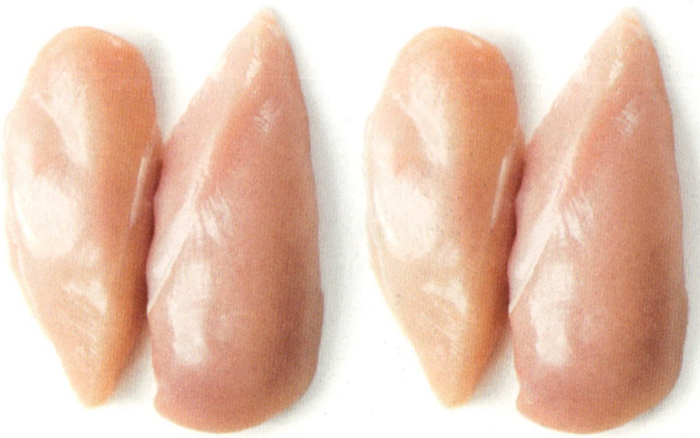

INGRÉDIENTS

pour 4 personnes

BOUCHERIE
4 blancs de poulet fermier

PLACARD
1 boîte de lait de coco (400 ml)
1 cuil. à soupe de curry en poudre
1 cuil. à café de gingembre en poudre
2 cuil. à soupe de coriandre séchée
3 cuil. à soupe de cacahuètes
Huile neutre
Sel, poivre

Accompagnement :
400 g de riz

VARIANTES

REMPLACEZ LE CURRY PAR DU CUMIN, DU CURCUMA OU SIMPLEMENT PAR DE LA CARDAMOME ET DE LA CORIANDRE.

1. Émincez finement les blancs de poulet. **2.** Faites cuire le riz selon les indications du paquet. Ouvrez la boîte de lait de coco. **3.** Versez 1 filet d'huile dans une poêle ou un wok et faites légèrement dorer les morceaux de poulet. Saupoudrez de curry, de gingembre et de coriandre. Mélangez pour que les épices grillent légèrement et versez le lait de coco. Laissez mijoter 8/10 min. **4.** Faites griller à sec les cacahuètes dans une poêle. **5.** Ajoutez-les sur le curry de poulet, assaisonnez et dégustez avec le riz.

Papillote de blanc de dinde
au pesto et légumes
en 4 versions

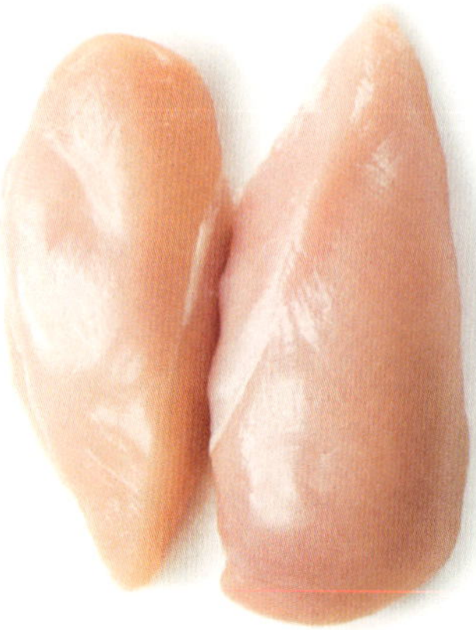

INGRÉDIENTS

pour 4 personnes

BOUCHERIE

4 blancs de dinde

PLACARD

VARIANTE 1

1 grosse boîte de haricots verts (400 g)
1 boîte de champignons de Paris (250 g)
1 pot de pesto vert
2 cuil. à soupe de mélange de graines
Sel, poivre

VARIANTE 2

1 grosse boîte de haricots verts (400 g)
1 boîte de champignons de Paris (250 g)
1 boîte de lait de coco (400 ml)
2 cuil. à café de curry en poudre
4 cuil. à café de coriandre séchée

VARIANTE 3

1 pot de coulis de tomates (env. 200 g)
2 cuil. à café d'ail semoule
4 cuil. à café de thym séché
1 pot d'olives dénoyautées (env. 200 g)
400 g de boulgour

VARIANTE 4

1 grosse boîte de haricots rouges (400 g)
1 boîte de maïs (140 g)
1 pot de coulis de tomates (env. 200 g)
2 cuil. à café de cumin en poudre
1 pincée de piment en poudre
Chips de tortillas

VARIANTE 1

1. Préchauffez le four à 180 °C (th. 6). Préparez 4 feuilles de papier sulfurisé. **2.** Égouttez les haricots verts et les champignons. **3.** Déposez un lit de légumes au centre de chaque feuille. Ajoutez les blancs de dinde et tartinez-les généreusement de pesto vert. Parsemez de graines. Salez et poivrez légèrement. Refermez les papillotes de façon bien hermétique. **4.** Déposez-les papillotes dans un plat allant au four et enfournez pour 20 min.

VARIANTE 2

1. Préchauffez le four à 180 °C (th. 6). Préparez 4 feuilles de papier sulfurisé, assez grandes pour réaliser des papillotes de type aumônière. **2.** Égouttez les haricots verts et les champignons. **3.** Déposez un lit de légumes au centre de chaque feuille. Ajoutez les blancs de dinde et rabattez les bords des papillotes vers le haut. **4.** Versez du lait de coco, saupoudrez de curry en poudre et parsemez de coriandre. Fermez hermétiquement. **5.** Placez les papillotes dans un plat allant au four et enfournez pour 20 min.

VARIANTE 3

1. Préchauffez le four à 180 °C (th. 6). Préparez 4 feuilles de papier sulfurisé. **2.** Versez un peu de coulis de tomates au centre, déposez les blancs de dinde, saupoudrez d'ail et de thym, et ajoutez les olives. Fermez les papillotes hermétiquement. Déposez dans un plat à four et enfournez pour 20 min. **3.** Faites cuire le boulgour selon les indications du paquet. Servez avec les papillotes.

VARIANTE 4

1. Préchauffez le four à 180 °C (th. 6). Préparez 4 feuilles de papier sulfurisé. **2.** Égouttez les haricots rouges et le maïs. Déposez au centre des feuilles des haricots rouges et quelques grains de maïs. Ajoutez les blancs de dinde. **3.** Versez du coulis de tomates et saupoudrez de cumin et d'un peu de piment. Fermez les papillotes, déposez-les dans un plat à four. Enfournez pour 20 min. **4.** Quand vous ouvrez les papillotes, ajoutez quelques chips de tortillas.

BOLOGNAISE
AUX CHAMPIGNONS

PRÉPARATION : 10 MIN
CUISSON : 45 MIN

INGRÉDIENTS
pour 4 personnes

BOUCHERIE
500 g de viande de bœuf hachée

PLACARD
1 oignon
3 gousses d'ail
1 cube de bouillon de bœuf
2 boîtes de pulpe de tomates (400 g)
1 boîte de champignons de Paris (250 g)
1 cuil. à soupe de thym séché
4 cuil. à soupe de ketchup
Huile d'olive
Sel, poivre

Accompagnement :
300 g de pâtes au choix

VARIANTE

SERVEZ AVEC DU RIZ, DU BOULGOUR OU DU QUINOA À LA PLACE DES PÂTES.

ASTUCE

FAITES UNE PLUS GRANDE QUANTITÉ QUE NÉCESSAIRE. VOUS POURREZ L'UTILISER COMME UNE FARCE OU L'ÉTALER SUR UNE PIZZA.

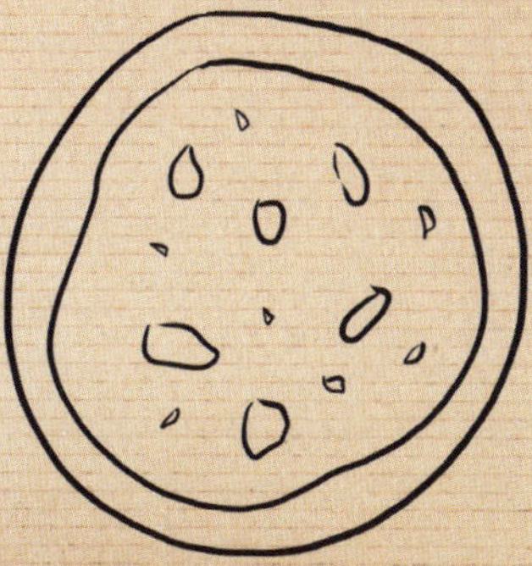

1. Épluchez et hachez l'oignon et l'ail. Faites chauffer 20 cl d'eau, versez dans un bol et émiettez le cube de bouillon. Ouvrez les boîtes de pulpe de tomates. Égouttez les champignons de Paris. **2.** Versez un bon filet d'huile d'olive dans un faitout et faites revenir l'oignon et l'ail pendant 3 min. Ajoutez le thym et la viande hachée et faites cuire en mélangeant jusqu'à ce que la viande soit brune et bien en grains. Versez les boîtes de pulpe de tomates, le ketchup et le bouillon de bœuf. Laissez mijoter à feu doux pendant 30 min en mélangeant de temps à autre. **3.** Faites cuire les pâtes selon les indications sur le paquet. Servez avec la bolognaise.

Mafé
de poulet

PRÉPARATION : 20 MIN
CUISSON : 45 MIN

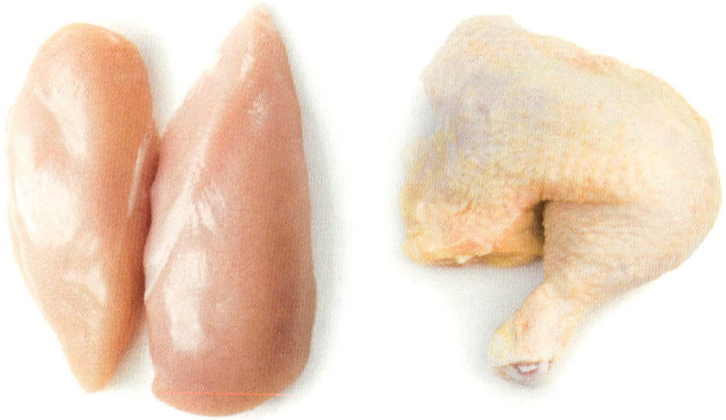

MATÉRIEL
Mixeur

INGRÉDIENTS
pour 4 personnes

BOUCHERIE
4 cuisses de poulet fermier
2 blancs de poulet fermier
coupé en morceaux

PLACARD
300 g de cacahuètes
1 oignon
3 gousses d'ail
1 cuil. à soupe de gingembre en poudre
1 pincée de piment fort
1 cube de bouillon
3 cuil. à soupe de ketchup
Huile d'arachide
Sel, poivre

Accompagnement :
250 g de riz

ASTUCE

PIMENTEZ PETIT À PETIT, MAIS UN MAFÉ EST UN PLAT QUI SE MANGE ÉPICÉ. MÉLANGEZ PIMENT ANTILLAIS ET PIMENT OISEAU SI VOUS EN AVEZ.

1. Préparez une pâte de cacahuètes. Versez les cacahuètes dans un mixeur et mixez jusqu'à ce qu'une boule de pâte se forme. C'est assez long, raclez bien les bords. Ouvrez le mixeur et détendez la pâte en versant 1 filet d'huile d'arachide. Mixez à nouveau. La pâte doit être onctueuse. **2.** Épluchez et hachez l'oignon et l'ail. **3.** Versez de l'huile dans un faitout et faites-les revenir pendant 3 min. Ajoutez les morceaux de poulet et les cuisses, le gingembre, le piment (ou plus selon les goûts) et faites bien dorer pendant 10 min à feu doux. **4.** Faites chauffer 30 cl d'eau et versez dans un saladier. Émiettez le cube de bouillon, mélangez, versez la pâte de cacahuètes et le ketchup. Mélangez afin d'obtenir une préparation bien homogène. Versez sur le poulet, ajoutez 1 verre d'eau et laissez mijoter en mélangeant régulièrement pendant 20/25 min. La sauce doit réduire et devenir onctueuse. Goûtez et rectifiez la préparation en sel, poivre et piment si nécessaire. **5.** Faites cuire le riz selon les indications du paquet et servez ensemble.

Plats avec du poisson

DIRECT
DU SUD
p. 74
p. 76
SARDINERIE
HYACINTHE
PARMENTIER
SARDINES
POUR DU SOLEIL
DANS SON
ASSIETTE
p. 78
p. 90
p. 86
UN GRATIN
DE LYON
PAPILLOTE
DE POISSON BLANC
p. 92
p. 94
POUR
LES SOIRS
DE FLEMME
p. 100
4 WOK
POUR VARIER
p. 104
p. 106

BRICK DE SARDINE
AU PESTO

PRÉPARATION : 20 MIN
CUISSON : 15 MIN

INGRÉDIENTS

pour 4 personnes

ÉPICERIE
1 paquet de feuilles
de brick

PLACARD
3 boîtes de sardines (115 g)
1 pot de pesto
Huile d'olive

1. Égouttez les sardines sur du papier absorbant. Retirez l'arête centrale et mettez-les dans un saladier. Écrasez-les grossièrement à la fourchette. Versez le pesto et mélangez bien. **2.** Découpez les feuilles de brick en bandes de 5 cm environ. Déposez un peu de préparation sur le bord de chaque bande et pliez en formant un triangle. Remontez la bande en pliant en triangle puis terminez en glissant le bout restant dans les plis. Serrez bien lors des étapes pour éviter que la garniture ne s'échappe à la cuisson. Procédez ainsi jusqu'à épuisement des ingrédients. **3.** Préchauffez le four à 180 °C (th. 6). Huilez légèrement les triangles à l'aide d'un pinceau et déposez-les sur une plaque allant au four. **4.** Enfournez pour 10 min, retournez les triangles et réenfournez pour 5 min. Il faut que les triangles soient bien dorés pour être croustillants. **5.** Dégustez chaud.

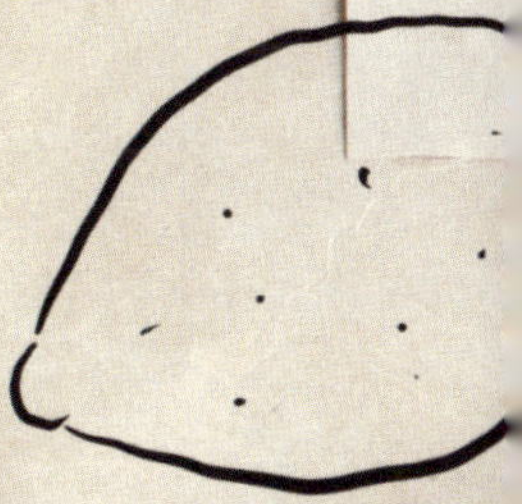

VARIANTE

UTILISEZ DES SARDINES AROMATISÉES (CITRON, PIMENT...) ET CHOISISSEZ UN PESTO D'OLIVES OU DE TOMATES SÉCHÉES.

Pastilla thon
et ratatouille

PRÉPARATION : 15 MIN
CUISSON : 28 MIN

MATÉRIEL
Moule à manquer

INGRÉDIENTS
pour 4 personnes

ÉPICERIE
1 paquet de feuilles de brick
1 citron confit

PLACARD
4 boîtes de thon (env. 300 g)
2 oignons
1 boîte de ratatouille (300 g)
1 cuil. à café d'origan séché
Huile d'olive

1. Préchauffez le four à 180 °C (th. 6). Égouttez le thon et émiettez-le à l'aide d'une fourchette. Épluchez et hachez les oignons. Coupez le citron confit en deux, enlevez la chair et détaillez-le en petits morceaux. **2.** Versez 1 filet d'huile dans une poêle et faites revenir l'oignon pendant 3 min, versez la ratatouille, l'origan, le citron confit et laissez mijoter 5 min. Hors du feu, incorporez le thon et mélangez bien. **3.** Huilez légèrement 3 feuilles de brick et mettez-les dans un moule à manqué. Garnissez avec la préparation et rabattez les feuilles vers le centre. Huilez à nouveau 3 feuilles, couvrez la préparation et rabattez les feuilles en dessous. **4.** Enfournez pour 20/25 min, jusqu'à ce que la pastilla soit bien dorée.

ASTUCE

AJOUTEZ DES OLIVES,
1 PINCÉE DE PIMENT
ET DU BASILIC.

PARMENTIER DE SARDINES

À LA PATATE DOUCE ET POINTE DE PIMENT

PRÉPARATION : 15 MIN
CUISSON : 25 MIN

INGRÉDIENTS

pour 4 personnes

CHEZ LE PRIMEUR
800 g de patates douces env.

RÉFRIGÉRATEUR
20 cl de crème fraîche
50 g de fromage râpé

PLACARD
3 boîtes de sardines (115 g)
1 pincée de piment
1 cuil. à soupe de romarin séché
Sel, poivre

VARIANTE

REMPLACEZ LES SARDINES PAR DU THON ET LA PATATE DOUCE PAR DES POMMES DE TERRE.

1. Épluchez les patates douces et coupez-les en rondelles. Faites-les cuire à la vapeur ou dans une casserole d'eau jusqu'à ce qu'elles soient tendres. **2.** Égouttez légèrement les sardines sur du papier absorbant. Retirez les arêtes centrales et écrasez-les grossièrement. **3.** Mettez les patates douces dans un saladier, versez la crème, le piment et écrasez-les avec une fourchette ou un presse-purée. Salez, poivrez et ajoutez le romarin. **4.** Préchauffez le four à 180 °C (th. 6). Montez le parmentier : tapissez le fond d'un plat à gratin de sardines et ajoutez, en lissant le dessus, la purée de patates douces. Parsemez de fromage râpé et poivrez bien. **5.** Enfournez pour 10/15 min.

PISSALADIÈRE OLIVE
ET FILETS DE MAQUEREAUX

PRÉPARATION : 10 MIN
CUISSON : 25 MIN

INGRÉDIENTS
pour 4 personnes

BOULANGERIE
1 boule de pâte à pain
(env. 300 g)

PLACARD
7 oignons
1 cuil. à soupe d'herbes de Provence
1 cuil. à café de sucre
1 pot d'olives noires
1 boîte de filets de maquereaux (150 g)
1 cuil. à soupe de farine (pour étaler la pâte)
Huile d'olive
Sel, poivre

1. Épluchez les oignons et coupez-les en rondelles. Versez de l'huile d'olive dans une grande poêle, ajoutez les rondelles d'oignons, les herbes de Provence et le sucre. Laissez revenir à feu doux jusqu'à ce que les oignons soient translucides. **2.** Préchauffez le four à 200 °C (th. 6-7). Huilez légèrement la plaque. Versez un peu de farine sur le plan de travail et étalez la pâte à pain. Déposez-la sur la plaque, répartissez les oignons et les olives. Égouttez les filets de maquereaux et déposez-les dessus. Salez et poivrez. **3.** Enfournez pour 20 min. Vérifiez que la pâte est bien cuite. **4.** Dégustez tiède ou froid.

VARIANTES

REMPLACEZ LES MAQUEREAUX PAR DES SARDINES ET UTILISEZ UNE PÂTE À PIZZA RECTANGULAIRE À LA PLACE DE LA PÂTE À PAIN.

Sushi-cake aux herbes fraîches,
maquereaux, thon et sardines

PRÉPARATION : 20 MIN
CUISSON : 20 MIN ENVIRON

MATÉRIEL
Cercle de métal
ou moule rond

INGRÉDIENTS
pour 4 personnes

CHEZ LE PRIMEUR
1 concombre
1 bouquet de persil
1 bouquet d'aneth
2 avocats
Le jus de 1 citron

PLACARD
300 g de riz rond
4 cuil. à soupe de vinaigre de riz
1 cuil. à café de sucre
2 boîtes de sardines (env. 75 g)
2 boîtes de maquereaux (env. 300 g)
1 boîte de thon (env. 75 g)
Sauce soja
Sel

1. Faites cuire le riz rond selon les indications sur le paquet. Mélangez le vinaigre de riz avec le sucre et versez dans une casserole. Faites chauffez pour que le sucre fonde. Versez sur le riz, mélangez et laissez refroidir. **2.** Lavez le concombre et coupez-le en rondelles. Lavez les herbes, séchez-les et ciselez-les finement. Épluchez les avocats, dénoyautez-les et coupez la chair en fines lamelles. Laissez égoutter les poissons sur du papier absorbant. **3.** Ajoutez la moitié du persil et de l'aneth ciselés dans le riz et mélangez bien. **4.** Montez le sushi-cake. Utilisez un cercle en métal ou, si vous n'en avez pas, tapissez un moule rond de film alimentaire. Versez le riz et tassez légèrement avec le dos d'une cuillère à soupe. Enlevez le cercle, ou démoulez délicatement sur un plat de service et enlevez le film. Tapissez d'herbes, disposez harmonieusement les rondelles de concombre, les tranches d'avocat et les poissons. Citronnez et servez avec un peu de sauce soja.

ASTUCE

PRÉPAREZ LE RIZ LA VEILLE POUR QU'IL SOIT BIEN FROID ET SE DÉMOULE FACILEMENT.

TARTE SOLEIL AU THON,
RATATOUILLE ET OLIVES

PRÉPARATION : 15 MIN
CUISSON : 35 MIN

INGRÉDIENTS
pour 4 personnes

ÉPICERIE
2 pâtes feuilletées

PLACARD
1 grosse boîte de ratatouille (500 g)
1 boîte de thon (env. 75 g)
1 pot d'olives
1 œuf
Huile d'olive
Sel, poivre

VARIANTE

AJOUTEZ 100 G DE FROMAGE RÂPÉ À LA PRÉPARATION ET/OU REMPLACEZ LA RATATOUILLE PAR DU PESTO.

1. Préchauffez le four à 180 °C (th. 6). Ouvrez la boîte de ratatouille et versez-la dans un saladier. Égouttez le thon puis ajoutez-le dans la ratatouille. Mélangez en écrasant le thon avec une fourchette. **2.** Versez les olives dans un bol, dénoyautez-les si nécessaire et coupez-les en rondelles. Ajoutez-les dans le saladier et mélangez. En fonction des marques, les textures changent ; aussi, pour cette recette, il faut s'adapter. Si les morceaux sont trop gros, passez-les 1 min au mixeur. Au contraire, si la ratatouille est très liquide, retirez du jus. **3.** Déroulez une pâte feuilletée (gardez le papier sulfurisé en dessous) sur une plaque allant au four et étalez la préparation dessus. Humidifiez le bord, déroulez la seconde pâte feuilletée et déposez-la sur la première. Pressez les bords pour les souder. **4.** Cassez l'œuf dans un bol, battez-le avec une fourchette et badigeonnez-en bien la pâte. Posez un verre au centre de la pâte. Coupez 16 bandes en partant du verre vers les bords. Torsadez délicatement les bandes. **5.** Enfournez pour 30/35 min puis dégustez chaud.

Kefta de sardines
et sauce tomate fraiche épicée

PRÉPARATION : 15 MIN
CUISSON : 45 MIN

INGRÉDIENTS
pour 4 personnes

CHEZ LE PRIMEUR
1 kg de tomates bio
1 botte de basilic

PLACARD
1 gros oignon blanc
3 gousses d'ail frais
1 cuil. à café de cumin
½ cuil. à café de paprika
1 pincée de piment
3 boîtes de sardines (115 g)
1 œuf
Huile d'olive
Sel, poivre

1. Préparez la sauce tomate : lavez les tomates et coupez-les en morceaux. Épluchez et hachez l'oignon et l'ail. Lavez la botte de basilic et ciselez-la finement. **2.** Versez un filet d'huile d'olive dans une casserole et faites revenir l'oignon et l'ail pendant 3 min. Saupoudrez de cumin, de paprika et ajoutez le piment. Versez les tomates avec leur jus et laissez mijoter 25/30 min. Ajoutez une poignée de basilic frais et mixez ou non, selon les goûts. **3.** Préparez les keftas. Égouttez les boîtes de sardines puis retirez les arêtes principales. Mettez-les dans un bol, ajoutez 1 cuil. à soupe de basilic et écrasez-les avec une fourchette. Cassez l'œuf, mélangez bien et formez des boulettes dans la paume de vos mains. Déposez les boulettes dans la sauce tomate, couvrez et laissez mijoter 12/15 min. **4.** Salez et poivrez si nécessaire puis dégustez bien chaud.

CAKE DE POISSON
EN 4 VERSIONS

PRÉPARATION : 15 MIN
CUISSON : 40 MIN

MATÉRIEL
Moule à cake

INGRÉDIENTS
pour 4 personnes

POISSONNERIE
2 pavés de saumon
(env. 300 g)
1citron bio

RÉFRIGÉRATEUR
1 yaourt

PLACARD

VARIANTE 1
3 gros œufs
10 cl d’huile d’olive
150 g de farine
1 sachet de levure chimique
1 cuil. à soupe d’aneth séché
1 cuil. à soupe de persil séché
1 cuil. à café de menthe séchée
Sel, poivre

VARIANTE 2
1 petite boîte de petits pois (150 g)
3 gros œufs
10 cl d’huile d’olive
150 g de farine
1 sachet de levure chimique
1 cuil. à soupe de menthe séchée
Sel, poivre

VARIANTE 3
1 pot d’olives dénoyautées
3 gros œufs
10 cl d’huile d’olive
150 g de farine
1 sachet de levure chimique
1 cuil. à soupe de romarin séché
Sel, poivre

VARIANTE 4
3 gros œufs
1 pot de pesto
10 cl d’huile d’olive
150 g de farine
1 sachet de levure chimique
Sel, poivre

PRÉPARATION POUR TOUTES LES RECETTES :

Préchauffez le four à 180 °C (th. 6) et chemisez de papier sulfurisé un moule à cake. Retirez d'un coup sec la peau des pavés de saumon et détaillez-les en petits cubes. Lavez le citron et zestez-le. Pressez le jus.

VARIANTE 1

1. Cassez les œufs dans un saladier et fouettez-les. Ajoutez le yaourt, l'huile d'olive, la farine, la levure, salez et poivrez bien. Fouettez la préparation, elle doit être bien lisse et homogène. **2.** Versez 3 cuil. à soupe de jus de citron, 1 cuil. à café de zeste et les herbes, mélangez puis incorporez les dés de saumon. Mélangez délicatement. **3.** Versez dans le moule à cake et enfournez pour 35/40 min. Dégustez tiède ou froid.

VARIANTE 2

1. Égouttez la boîte de petits pois. Cassez les œufs dans un saladier et fouettez-les. Ajoutez le yaourt, l'huile d'olive, la farine, la levure, salez et poivrez et ajoutez la menthe. Fouettez la préparation, elle doit être bien lisse et homogène. **2.** Versez 3 cuil. à soupe de jus de citron, 1 cuil. à café de zeste, ajoutez les petits pois et les dés de saumon. Mélangez délicatement. **3.** Versez dans le moule à cake et enfournez pour 35/40 min. Dégustez tiède ou froid.

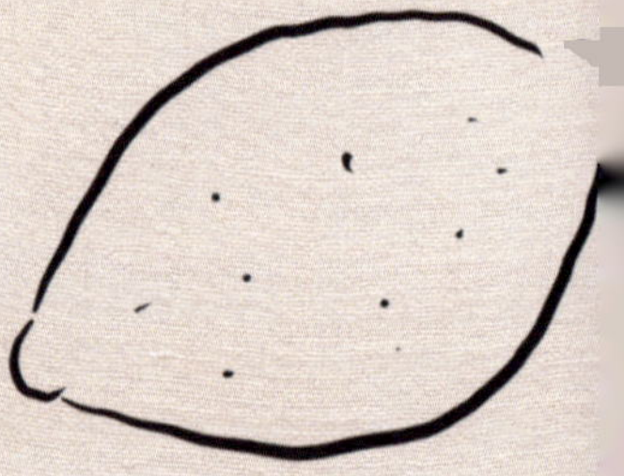

VARIANTE 3

1. Coupez les olives noires en deux. Cassez les œufs dans un saladier et fouettez-les. Ajoutez le yaourt, l'huile d'olive, la farine, la levure, salez et poivrez bien. Fouettez la préparation, elle doit être bien lisse et homogène. **2.** Versez 3 cuil. à soupe de jus de citron, 1 cuil. à café de zeste, ajoutez le romarin, les moitiés d'olives et les dés de saumon. Mélangez délicatement. **3.** Versez dans le moule à cake et enfournez pour 35/40 min. Dégustez tiède ou froid.

IDÉE

AJOUTEZ DANS LES PRÉPARATIONS 100 G DE PARMESAN OU DE FROMAGE RÂPÉ.

VARIANTE 4

1. Cassez les œufs dans un saladier et fouettez-les. Ajoutez le yaourt, le pesto, l'huile d'olive, la farine, la levure, salez et poivrez bien. Fouettez la préparation, elle doit être bien lisse et homogène. **2.** Incorporez les dés de saumon. Mélangez délicatement. **3.** Versez dans le moule à cake et enfournez pour 35/40 min. Dégustez tiède ou froid.

GRATIN DE QUENELLES
À LA SOUPE DE POISSON

PRÉPARATION : 10 MIN
CUISSON : 40 MIN

INGRÉDIENTS
pour 4 personnes

POISSONNERIE
8 quenelles nature
ou au poisson

RÉFRIGÉRATEUR
125 g de fromage râpé
25 cl de crème fraîche

PLACARD
1 soupe de poisson
1 cuil. à soupe de farine

1. Préchauffez le four à 180 °C (th. 6). Déposez les quenelles dans un grand plat en les espaçant pour qu'elles puissent bien gonfler. **2.** Versez la soupe de poisson dans une casserole. Remplissez d'eau la boîte de soupe et versez dans la casserole, ajoutez la crème. Mélangez et portez à petits bouillons. Versez la farine, mélangez et laissez légèrement épaissir pendant quelques minutes. **3.** Versez sur les quenelles, parsemez de fromage râpé et enfournez pour 30/35 min. **4.** Dégustez bien chaud.

VARIANTE

REMPLACEZ LA SOUPE DE POISSON PAR UNE BOÎTE DE PULPE DE TOMATES.

RISOTTO DE POISSON
ET BROUSSE FRAÎCHE

PRÉPARATION : 5 MIN
CUISSON : 12 À 15 MIN

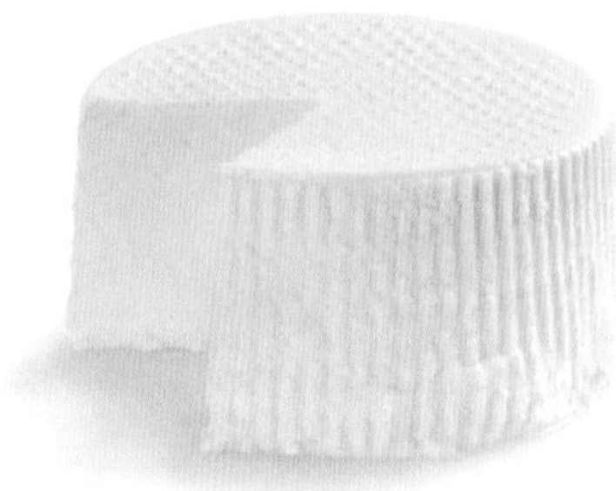

INGRÉDIENTS

pour 4 personnes

FROMAGERIE
200 g de brousse
de brebis fraîche

PLACARD
1 oignon
220 g de riz rond
1 boîte de soupe
de poisson
Huile d'olive
Poivre

VARIANTE

REMPLACEZ LA BROUSSE DE BREBIS PAR 3 CUIL. À SOUPE DE CRÈME FRAÎCHE ET DU GRANA RÂPÉ.

1. Épluchez et hachez finement l'oignon. Versez 1 l d'eau dans une bouilloire et portez à ébullition. **2.** Versez un bon filet d'huile d'olive dans une casserole et faites revenir l'oignon pendant 2 min. Ajoutez le riz et mélangez bien. Versez la soupe de poisson sur le riz, mélangez et laissez cuire jusqu'à évaporation. Ajoutez de l'eau bouillante en 3 fois, en laissant le liquide s'évaporer entre chaque ajout, jusqu'à ce que le riz soit bien moelleux. **3.** Poivrez, ajoutez la brousse, mélangez rapidement pour qu'elle reste ferme et dégustez immédiatement.

PAIN DE POISSON

ET COULIS DE TOMATES À L'ESTRAGON

PRÉPARATION : 15 MIN
CUISSON : 45 MIN

MATÉRIEL
Moule à cake

INGRÉDIENTS
pour 4 personnes

POISSONNERIE
2 pavés de saumon

RÉFRIGÉRATEUR
20 cl de crème fraîche

PLACARD
6 œufs
1 boîte de soupe
de poisson
2 cuil. à soupe de ketchup
Farine

Pour le coulis de tomates :
1 oignon
1 boîte de pulpe
de tomates (200 g)
1 cuil. à soupe de ketchup
1 cuil. à soupe d'estragon
séché
Huile d'olive

1. Préchauffez le four à 160 °C (th. 5-6). Retirez d'un coup sec la peau des dos de saumon et coupez-les en petits morceaux. Farinez-les légèrement. **2.** Cassez les œufs dans un saladier, versez la boîte de soupe de poisson, 2 cuil. à soupe de ketchup, la crème fraîche et 2 cuil. à soupe de farine. Battez au fouet jusqu'à ce que la préparation soit bien homogène. **3.** Chemisez un grand moule à cake de papier sulfurisé et versez la préparation. Ajoutez les morceaux de saumon. Enfournez au bain-marie (placez le moule dans un fond d'eau) pour 40/45 min. Vérifiez que le pain de poisson est bien cuit en y enfonçant la lame d'un couteau. Elle doit ressortir propre. Laissez tiédir avant de démouler. **4.** Préparez le coulis de tomates. Épluchez et hachez l'oignon. Versez un filet d'huile d'olive dans une casserole et faites-le revenir pendant 2 min, ajoutez la pulpe de tomates, le ketchup et l'estragon. Laissez cuire 10 min. Salez et poivrez. **5.** Dégustez tiède ou froid.

VARIANTES

VARIEZ LES POISSONS, AJOUTEZ DES OLIVES ET REMPLACEZ LA BOÎTE DE SOUPE DE POISSON PAR UNE BOÎTE DE COULIS DE TOMATES ET DES HERBES.

Papillote de cabillaud
sur lit de crème de petits pois au gingembre

PRÉPARATION : 10 MIN
CUISSON : 18 MIN

MATÉRIEL
Mixeur

INGRÉDIENTS
pour 4 personnes

CHEZ LE PRIMEUR
4 dos de cabillaud

RÉFRIGÉRATEUR
10 cl de crème fraîche

PLACARD
2 grandes boîtes
de petits pois (500 g)
1 cuil. à café de gingembre
en poudre
Huile d'olive
Sel, poivre

ACCOMPAGNEMENT
Riz

1. Préchauffez le four à 180 °C (th. 6). Préparez 4 feuilles de papier sulfurisé. **2.** Égouttez les petits pois. Versez-les dans la cuve du mixeur, ajoutez la crème fraîche, le gingembre, salez et poivrez. Mixez en crème. **3.** Versez un lit de crème de petits pois au milieu de chaque feuille de papier sulfurisé et déposez un dos de cabillaud. Ajoutez 1 filet d'huile d'olive, salez et poivrez. **4.** Fermez hermétiquement les papillotes et déposez-les dans un plat à four. Enfournez pour 15/18 min. **5.** Dégustez bien chaud, avec du riz.

ASTUCE

PRÉPLIEZ LA PAPILLOTE POUR ÉVITER QUE LA CRÈME NE COULE PARTOUT.

Tortilla « quesadilla » de sardines,
oignons, yaourt

PRÉPARATION : 15 MIN
CUISSON : 18 MIN

INGRÉDIENTS

pour 4 personnes

ÉPICERIE
6 tortillas

RÉFRIGÉRATEUR
200 g de fromage râpé
2 yaourts

PLACARD
3 boîtes de sardines (115 g)
2 oignons
1 boîte de pulpe de tomates (200 g)
1 cuil. à soupe de ketchup
1 cuil. à soupe de thym séché
1 pincée de piment
1 cuil. à soupe de persil séché
Huile d'olive

1. Égouttez les sardines sur du papier absorbant. Enlevez les arêtes du milieu. Mettez-les dans un saladier. Épluchez et hachez les oignons. **2.** Versez de l'huile dans une casserole et faites-les fondre pendant 3 min. Versez la pulpe de tomates, ajoutez le ketchup et le thym. Laissez réduire à petits bouillons pendant 5 min. Écrasez les sardines à l'aide d'une fourchette, ajoutez le fromage râpé, la préparation de tomates et mélangez. **3.** Préchauffez le four à 200 °C (th. 6-7). Déposez 3 tortillas devant vous et garnissez-les de préparation. Ajoutez sur le dessus les tortillas restantes et versez un filet d'huile d'olive. Déposez sur une plaque et enfournez pour 10 min. **4.** Versez les yaourts dans un bol, ajoutez le piment et le persil. Mélangez. **5.** Coupez la quésadilla en quatre et dégustez bien chaud avec la sauce pimentée au yaourt.

ASTUCE

POUR BIEN COUPER, POSEZ
LA PAUME DE LA MAIN
SUR LA QUÉSADILLA
ET COUPEZ-LES EN QUATRE
AVEC UN COUTEAU À PAIN
BIEN TRANCHANT.

LASAGNES DE COURGETTES
AU THON ET ESTRAGON

PRÉPARATION : 15 MIN
CUISSON : 30 MIN

INGRÉDIENTS
pour 4 personnes

CHEZ LE PRIMEUR
4 courgettes
(de préférence de taille moyenne et longue)
½ botte d'estragon

RÉFRIGÉRATEUR
25 cl de crème fraîche
200 g de fromage râpé

PLACARD
3 boîtes de thon (220 g)
2 boîtes de pulpe de tomates (400 g)
Sel, poivre

VARIANTE

UTILISEZ DES AUBERGINES À LA PLACE DES COURGETTES.

1. Préchauffez le four à 180 °C (th. 6). Lavez les courgettes, coupez les bouts et détaillez-les en quatre dans la longueur de façon à avoir 4 belles bandes. Lavez et ciselez l'estragon. **2.** Égouttez le thon et mettez-le dans un bol. Écrasez-le à la fourchette. Versez la pulpe de tomates dans un saladier, ajoutez la crème, l'estragon, salez et poivrez. **3.** Tapissez le fond d'un plat carré à four de sauce, posez 5 tranches de courgettes les unes à côté des autres, ajoutez du thon, du fromage râpé et de la sauce. Procédez ainsi de suite et terminez par une couche de fromage râpé. **4.** Enfournez pendant 25/30 min pour une cuisson *al dente* et plus pour plus fondant.

POÊLÉE DE QUINOA
AUX CREVETTES PIMENTÉES

PRÉPARATION : 10 MIN
CUISSON : 20 MIN

INGRÉDIENTS

pour 4 personnes

POISSONNERIE
25 à 28 crevettes crues décortiquées
1 citron (n'hésitez pas à demander au poissonnier, il en a toujours)

PLACARD
1 cube de bouillon de légumes
1 oignon
3 gousses d'ail
1 cuil. à café de chili en poudre
260 g de quinoa
1 pincée de piment de Cayenne
Huile d'olive
Sel, poivre

1. Faites chauffer 60 cl d'eau, versez dans un bol et émiettez le cube de bouillon de légumes. **2.** Épluchez et hachez l'oignon et l'ail. Versez un bon filet d'huile d'olive dans une grande poêle, ajoutez les crevettes et le chili et faites-les revenir pendant 3 min ou jusqu'à ce qu'elles soient bien roses. Réservez sur une assiette. **3.** Ajoutez un filet d'huile d'olive dans la poêle, les oignons et l'ail. Laissez revenir quelques minutes puis incorporez le quinoa. Mélangez, saupoudrez d'une pointe de piment de Cayenne, salez et poivrez. Mouillez avec les ¾ du bouillon de légumes et laissez cuire à feu moyen et à couvert pendant 10 à 15 min selon les paquets. **4.** Ajoutez un peu de bouillon en fin de cuisson, si nécessaire. Déposez les crevettes sur le dessus et pressez le jus du citron. Couvrez et laissez réchauffer puis servez.

VARIANTES

REMPLACEZ LES CREVETTES PAR DES CALAMARS.
AJOUTEZ UNE BOÎTE DE PULPE DE TOMATES.

WOK DE POISSONS
EN 4 VERSIONS

INGRÉDIENTS

pour 4 personnes

POISSONNERIE

600 g de poissons sans peau (cabillaud, colin, saumon…)

PLACARD

VARIANTE 1

2 cuil. à soupe de curcuma en poudre
1 cuil. à café de gingembre en poudre
300 g de riz
1 cuil. à soupe de curry
1 boîte de lait de coco (400 ml)
2 cuil. à soupe de coriandre en poudre
Huile neutre
Poivre

VARIANTE 2

2 grosses boîtes de haricots verts (500 g)
1 boîte de champignons de Paris (250 g)
1 oignon
3 gousses d'ail
1 petit verre de vin blanc
1 boîte de pulpe de tomates (200 g)
1 cuil. à soupe de ketchup
Thym séché
2 cuil. à soupe de basilic séché
Huile d'olive
Sel, poivre

VARIANTE 3

300 g de boulgour
1 oignon
3 gousses d'ail
1 pot d'olives vertes dénoyautées
1 cuil. à soupe de ras el-hanout
1 boîte de tomates concassées
ou coulis de tomates (200 g)
1 pincée de sucre
3 cuil. à soupe de coriandre séchée
Huile neutre
Sel, poivre

VARIANTE 4

1 boîte de petits pois (200 g)
1 cuil. à café de cumin en poudre
1 cuil. à café de coriandre séchée
4 cuil. à café de cacahuètes
Sauce soja
Farine
Huile neutre

VARIANTE 1

1. Faites chauffer 1 l d'eau. Versez 1 filet d'huile dans une poêle, ajoutez le curcuma et le gingembre, mélangez et versez le riz. Enrobez le riz d'épices et versez les ¾ de l'eau bouillante. Laissez mijoter jusqu'à ce que le riz soit moelleux et ajoutez de l'eau si nécessaire. **2.** Coupez les poissons en morceaux. Versez 1 filet d'huile dans un wok ou une cocotte, saupoudrez de curry, mélangez et versez le lait de coco. Remplissez la boîte de lait de coco à moitié d'eau et versez. **3.** Déposez les morceaux de poisson et laissez cuire sans bouillir pendant 8 à 10 min. Poivrez et saupoudrez de coriandre. Servez avec le riz.

VARIANTE 2

1. Coupez les poissons en morceaux. Égouttez les haricots verts et les champignons de Paris. Épluchez et ciselez finement l'oignon et l'ail. **2.** Versez 1 filet d'huile d'olive dans le wok et faites revenir l'ail et l'oignon pendant 2 min. Versez le vin, laissez s'évaporer puis ajoutez la pulpe de tomates, le ketchup, le thym, du sel et du poivre. Laissez mijoter 5 min et ajoutez les morceaux de poisson et les champignons. **3.** Couvrez et laissez cuire 8 à 10 min. Réchauffez les haricots verts à part et servez ensemble. Parsemez de basilic.

VARIANTE 3

1. Faites cuire le boulgour selon les indications du paquet. Coupez les poissons en morceaux. Épluchez et hachez finement l'oignon et l'ail. Égouttez les olives. **2.** Versez de l'huile dans un wok et faites revenir l'oignon et l'ail. Ajoutez le ras el-hanout, mélangez et versez les tomates concassées. Mélangez, ajoutez le sucre et la coriandre. Déposez les morceaux de poisson et les olives. Couvrez et laissez mijoter 8 à 10 min. **3.** Salez et poivrez et dégustez bien chaud avec le boulgour.

VARIANTE 4

1. Coupez les poissons en morceaux et farinez-les légèrement. Égouttez les petits pois. Versez 1 filet d'huile neutre dans un wok, saupoudrez de cumin et de coriandre, mélangez, déposez les morceaux de poissons. **2.** Laissez cuire à feu doux 5 min en les retournant et en faisant attention qu'ils n'accrochent pas trop. **3.** Déglacez avec un bon filet de sauce soja, ajoutez les petits pois et les cacahuètes. Laissez-les se réchauffer et servez bien chaud.

Wok crevettes,
champignons, nouilles de riz, lait de coco

PRÉPARATION : 10 MIN
CUISSON : 15 MIN

INGRÉDIENTS
pour 4 personnes

POISSONNERIE
500 g de crevettes cuites

PLACARD
250 g de nouilles de riz
1 oignon
3 gousses d'ail
1 boîte de champignons de Paris (250 g)
2 cuil. à soupe de curcuma en poudre
1 pincée de piment
2 cuil. à soupe de coriandre séchée
1 boîte de lait de coco (400 ml)
Huile neutre
Poivre

1. Préparez les nouilles de riz selon les indications du paquet. **2.** Épluchez et ciselez l'oignon et l'ail. Égouttez les champignons de Paris. Versez un filet d'huile neutre dans un wok (ou une poêle) et faites revenir l'oignon et l'ail pendant 2 min puis ajoutez les champignons. Saupoudrez de curcuma, de piment et de coriandre, ajoutez les crevettes, mélangez et versez le lait de coco. Mélangez et laissez cuire 5 min. **3.** Répartissez des nouilles de riz dans 4 assiettes ou bols, ajoutez des crevettes et des champignons, versez le lait de coco, poivrez et dégustez bien chaud.

ASTUCE

VARIEZ LES ÉPICES : COLOMBO, CITRONNELLE, CURRY ROUGE, JAUNE OU VERT.

Riz frit
à la chinoise

PRÉPARATION : 10 MIN
CUISSON : 15 MIN

INGRÉDIENTS
pour 4 personnes

POISSONNERIE
500 g de crevettes cuites

PLACARD
300 g de riz basmati
½ cube de bouillon de légumes
1 oignon
3 gousses d'ail
1 boîte de petits pois (200 g)
2 œufs
2 cuil. à soupe de ciboulette séchée
Sauce soja
Huile de sésame
Sel, poivre

1. Faites cuire le riz basmati selon les indications du paquet et en ajoutant le demi-cube de bouillon de légumes dans l'eau avant ébullition. **2.** Épluchez et hachez finement l'oignon et l'ail. Égouttez les petits pois. **3.** Cassez les œufs dans un bol, salez, poivrez et battez-les à la fourchette. Versez de l'huile dans une poêle, ajoutez les œufs et faites cuire en omelette très fine. Roulez-la sur elle-même, déposez sur une assiette et coupez-la en petits morceaux. **4.** Versez de l'huile neutre dans un wok (ou la poêle) et faites revenir l'oignon et l'ail. Ajoutez le riz et laissez cuire 4 min en mélangeant 2 fois. Parsemez de ciboulette, poivrez, versez les petits pois, incorporez les morceaux d'œufs et les crevettes. **5.** Versez 1 bon filet de sauce soja et d'huile de sésame. Mélangez jusqu'à ce que la préparation soit bien chaude. Goûtez, rectifiez l'assaisonnement si nécessaire et dégustez.

ASTUCE

PRÉPAREZ LE RIZ À L'AVANCE CAR, BIEN FROID, IL CUIT PLUS FACILEMENT SANS COLLER, C'EST BIEN MEILLEUR ET PLUS SIMPLE À PRÉPARER.

Plats veggie

FEUILLES DE CHOU FARCIES EN VUE
p. 118
p. 116
DES GALETTES À GRIGNOTER
p. 120
p. 130
p. 132
POUR LES JOURS DE FLEMME
p. 136
FRITTATA EN 10 MIN
p. 152
RENDEZ-VOUS AU LIBAN
DES BEIGNETS DE MAÏS PAR ICI
p. 148
p. 150

CURRY DE HARICOTS ROUGES
À LA MENTHE FRAÎCHE

PRÉPARATION : 15 MIN
CUISSON : 30 MIN

INGRÉDIENTS

pour 4 personnes

CHEZ LE PRIMEUR
2 poivrons rouges
1 courgette
1 piment vert
1 botte de menthe

PLACARD
1 boîte de tomates concassées (env. 200 g)
1 grosse boîte de haricots rouges (500 g)
1 oignon
3 gousses d'ail
1 cuil. à soupe de cumin
1 cuil. à soupe de coriandre séchée
1 cuil. à soupe de curcuma en poudre
Huile neutre
Sel

Accompagnement :
200 g de riz

1. Lavez les poivrons, coupez-les en deux, retirez les graines et détaillez-les en lanières. Lavez la courgette, coupez les bouts et détaillez-la en cubes. Lavez le piment vert, ouvrez-le en deux, enlevez les graines et ciselez-le. Lavez la menthe, séchez-la avec du papier absorbant et ciselez la moitié de la botte. Égouttez les haricots rouges. Épluchez et hachez l'oignon et l'ail. **2.** Faites cuire le riz selon les indications du paquet. Égouttez-le et réservez au chaud. **3.** Versez un bon filet d'huile dans une cocotte et faites revenir l'oignon et l'ail pendant 2 min. Versez les lanières de poivrons, les tomates concassées, le piment et les dés de courgette. Mélangez, laissez griller quelques minutes et saupoudrez de cumin, de coriandre et de curcuma. **4.** Mélangez bien, salez et versez un grand verre d'eau. Laissez cuire 10 min à couvert. Ajoutez les haricots rouges et laissez encore cuire 8 min. Ajoutez la menthe, mélangez. Goûtez et rectifiez l'assaisonnement si nécessaire. **5.** Dégustez avec le riz.

VARIANTES

REMPLACEZ LES ÉPICES PAR UN MÉLANGE DE CHILI ET LA MENTHE PAR DE LA CORIANDRE ; AJOUTEZ DES RONDELLES DE CAROTTES.

Velouté de maïs

au lait de coco, curry, coriandre et coco râpée

PRÉPARATION : 15 MIN
CUISSON : 16 MIN

INGRÉDIENTS

pour 4 personnes

CHEZ LE PRIMEUR

2 petites pommes de terre
1 botte de coriandre fraîche
1 tranche de noix de coco (ou cubes)

PLACARD

1 boîte de lait de coco (400 ml)
1 oignon
1 boîte de maïs (env. 300 g)
1 cuil. à soupe de curry
1 cuil. à café de gingembre en poudre
Huile neutre
Sel, poivre

ASTUCE

SI VOUS PRÉFÉREZ UTILISER DU MAÏS FRAIS, PASSEZ LA PRÉPARATION AU TAMIS POUR QUE LE VELOUTÉ SOIT BIEN ONCTUEUX.

1. Épluchez les pommes de terre et coupez-les en petits cubes. Lavez et ciselez la coriandre. Détaillez la tranche de noix de coco en copeaux ou en fines lamelles. Épluchez et ciselez l'oignon. Égouttez le maïs. **2.** Versez un filet d'huile dans une cocotte et faites revenir l'oignon pendant 1 min. Ajoutez les cubes de pommes de terre, mélangez et saupoudrez de curry et de gingembre. Versez le lait de coco et ajoutez la quantité de 2 boîtes d'eau. Laissez mijoter pendant 10 min. **3.** Ajoutez les ¾ de la boîte de maïs et laissez encore cuire 5 min. Ajoutez 5 cuil. à soupe de coriandre et mixez en velouté. Goûtez et rectifiez l'assaisonnement. **4.** Versez dans des bols, ajoutez sur le dessus un peu de maïs restant, de la coriandre et des copeaux ou lamelles de coco. Dégustez bien chaud.

Chili
et chips de tortillas

PRÉPARATION : 10 MIN
CUISSON : 27 MIN

INGRÉDIENTS
pour 4 personnes

CHEZ LE PRIMEUR
3 carottes
1 branche de céleri avec feuilles
1 botte de persil frais

PLACARD
1 oignon
3 gousses d'ail
2 grosses boîtes de haricots rouges (700 g)
1 boîte de maïs (150 g)
1 cube de bouillon de légumes
1 cuil. à soupe de chili en poudre
1 pincée de piment
Huile d'olive
Sel, poivre

<u>Accompagnement :</u>
1 sachet de chips de tortillas

1. Épluchez les carottes et coupez-les en petits dés. Lavez la branche de céleri avec les feuilles et coupez-la finement. Lavez le persil et ciselez-le. Épluchez et hachez l'oignon et l'ail. Égouttez les haricots rouges et le maïs. Délayez le cube de bouillon dans 50 cl d'eau bouillante. **2.** Versez 1 filet d'huile dans une cocotte et faites fondre l'oignon et l'ail pendant 2 min. Ajoutez les carottes et le céleri, la moitié du persil ciselé, saupoudrez de chili et de piment, mélangez et versez le bouillon. Laissez mijoter pendant 15 min à couvert. Ajoutez ensuite les haricots rouges et le maïs. Laissez mijoter 10 min, salez et poivrez. **3.** Goûtez, rectifiez l'assaisonnement, ajoutez le persil restant et dégustez bien chaud accompagné des chips de tortillas.

ASTUCE

SI LE CHILI EST UN PEU FORT POUR CERTAINS, PROPOSEZ DE L'ACCOMPAGNER D'UN YAOURT.

Galettes de champignons
aux graines, quinoa et fines herbes

PRÉPARATION : 15 MIN
CUISSON : 18 MIN

INGRÉDIENTS

pour 4 personnes

CHEZ LE PRIMEUR
1 botte de ciboulette fraîche
1 botte de persil frais

RÉFRIGÉRATEUR
60 g de fromage râpé
1 yaourt

PLACARD
200 g de quinoa
1 gousse d'ail
1 boîte de champignons de Paris (250 g)
2 cuil. à soupe de mélange de graines
1 pincée de noix muscade en poudre
2 œufs
2 cuil. à soupe de Maïzena®
Huile d'olive
Sel, poivre

1. Faites cuire le quinoa selon les indications du paquet et égouttez-le. **2.** Lavez les herbes sous l'eau claire, séchez-les et ciselez-les finement. Épluchez l'ail et hachez-le. Égouttez les champignons. **3.** Mettez le quinoa refroidi dans un saladier, ajoutez les graines, l'ail, la ciboulette, le persil, les champignons, la noix muscade, le fromage râpé, le yaourt, les œufs, salez et poivrez. Mélangez bien et ajoutez la Maïzena®, mélangez et confectionnez des galettes dans la paume de vos mains. **4.** Versez de l'huile dans une grande poêle et faites cuire les galettes pendant 3 min de chaque côté.

ASTUCE

REMPLACEZ LES CHAMPIGNONS PAR DES GRAINS DE MAÏS.

Feuilles de chou farcies au riz,
raisins secs, graines et sauce tomate pimentée

PRÉPARATION : 15 MIN
CUISSON : 45 MIN

MATÉRIEL

Ficelle de cuisine

INGRÉDIENTS

pour 4 personnes

CHEZ LE PRIMEUR
1 botte d'oignons frais
1 beau gros chou frisé
1 piment vert

PLACARD
200 g de riz
25 g de raisins secs
3 cuil. à soupe de mélange de graines
1 cube de bouillon de légumes
3 gousses d'ail
1 boîte de pulpe de tomates (200 g)
1 cuil. à soupe de ketchup
Huile d'olive
Sel, poivre

1. Faites bouillir 1 l d'eau. Commencez par faire cuire le riz. **2.** Épluchez et ciselez la botte d'oignons frais et un peu de vert des tiges. Versez de l'huile d'olive dans une grande poêle et faites revenir les oignons pendant 3 min. Ajoutez le riz, mélangez et versez de l'eau bouillante au fur et à mesure en laissant s'évaporer entre chaque ajout. Stoppez quand le riz est moelleux. Mettez les raisins secs dans un bol et couvrez d'eau bouillante pour qu'ils ramollissent. **3.** Détachez délicatement les feuilles du chou (gardez le cœur pour une autre préparation). Lavez-les et faites-les blanchir, par deux pour ne pas les abîmer, 3 à 4 min dans une casserole d'eau bouillante. Trempez-les dans l'eau glacée et égouttez-les. **4.** Mettez le riz dans un saladier, ajoutez les graines et les raisins secs, salez et poivrez et mélangez bien le tout. **5.** Déposez une feuille de chou devant vous, disposez une grosse cuillerée de préparation sur le haut de la feuille, repliez le haut puis les côtés et roulez la feuille bien serrée. Ficelez. Procédez ainsi jusqu'à épuisement des ingrédients.

ASTUCE

POUR QUE CELA SOIT PLUS SIMPLE, FAITES DES BOULES DE RIZ AVEC VOS DOIGTS POUR QUE CELA TIENNE BIEN.

6. Préchauffez le four à 180 °C (th. 6). Délayez le cube de bouillon dans 50 cl d'eau bouillante. Déposez les feuilles de chou dans un plat à four les unes à côté des autres, versez le bouillon et enfournez pour 25/30 min. **7.** Préparez la sauce tomate épicée. Épluchez et ciselez finement l'ail et le piment vert. Versez un filet d'huile dans une casserole et ajoutez l'ail et le piment, laissez cuire pendant 2 min. Ajoutez la pulpe de tomates et le ketchup. Laissez mijoter 10 min à feu doux. Mixez ou pas selon les goûts, salez et poivrez. Dégustez avec les choux farcis.

Galettes de boulgour au basilic
et coulis de ratatouille

PRÉPARATION : 15 MIN
CUISSON : 20 MIN

INGRÉDIENTS
pour 4 personnes

CHEZ LE PRIMEUR
1 poivron rouge
1 oignon rouge
1 botte de basilic frais

PLACARD
100 g de boulgour
2 œufs
1 cuil. à soupe de farine
1 boîte de ratatouille (500 g)
½ cuil. à café de paprika fumé
Huile d'olive
Sel, poivre

1. Faites cuire le boulgour selon les indications du paquet. Égouttez. Lavez le poivron rouge, coupez-le en deux, enlevez les graines et émincez-le en petits dés. Épluchez et émincez finement l'oignon rouge. Lavez le basilic, séchez-le et ciselez-le finement. **2.** Cassez les œufs dans un bol et battez-les à la fourchette, salez et poivrez bien. Mettez le boulgour dans un saladier, ajoutez le poivron rouge, l'oignon rouge, le basilic, les œufs, la farine et mélangez bien. Façonnez des galettes dans la paume de vos mains. **3.** Versez un filet d'huile d'olive dans une grande poêle et faites cuire les galettes 5 min de chaque côté. **4.** Faites réchauffer la ratatouille dans une casserole à feu doux, ajoutez le paprika fumé et mixez en coulis. Servez avec les galettes.

ASTUCE

POUR UNE VERSION PLUS MOELLEUSE, FAITES REVENIR LES MORCEAUX DE POIVRON ROUGE ET D'OIGNON DANS L'HUILE D'OLIVE JUSQU'À CE QU'ILS SOIENT BIEN TENDRES.

Minestrone de lentilles vertes
en 4 versions

INGRÉDIENTS

pour 4 personnes

CHEZ LE PRIMEUR
4 carottes
2 pommes de terre
1 branche de céleri
1 botte de persil frais
1 botte de ciboulette fraîche

PLACARD

VARIANTE 1

1 oignon
3 gousses d'ail
200 g de lentilles
1 cube de bouillon de légumes
4 œufs
1 pot de pesto
Vinaigre
Huile d'olive
Sel, poivre

VARIANTE 2

1 oignon
2 gousses d'ail
1 cuil. à soupe de curry
1 boîte de lait de coco (400 ml)
1 boîte de haricots rouges (400 g)
Huile neutre
Sel, poivre

VARIANTE 3

1 oignon
2 gousses d'ail
1 cuil. à soupe de gingembre en poudre
1 pincée de mélange quatre-épices
200 g de nouilles de riz
1 boîte de champignons de Paris (250 g)
Sauce soja
Huile neutre
Poivre

VARIANTE 4

1 oignon
3 gousses d'ail
1 cube de bouillon de légumes
1 boîte de pulpe de tomates (200 g)
200 g de pâtes (les plus petites que vous avez)
Huile d'olive
Sel, poivre

RÉFRIGÉRATEUR

Fromage râpé

PRÉPARATION POUR TOUTES LES RECETTES :

Épluchez et ciselez l'oignon et les gousses d'ail. Épluchez les carottes et les pommes de terre et coupez-les en petits cubes. Lavez la branche de céleri et émincez-la. Faites bouillir 1,5 l d'eau. Lavez les bottes de persil et de ciboulette, séchez-les et ciselez-les.

VARIANTE 1

1. Versez 1 filet d'huile d'olive dans un faitout et faites revenir l'oignon pendant 2 min, ajoutez l'ail, les carottes, les pommes de terre, le céleri et les lentilles. Mélangez, émiettez le cube de bouillon et versez l'eau bouillante. Laissez mijoter 20 min. **2.** Portez à ébullition une casserole d'eau avec 1 trait de vinaigre, pochez les œufs un à un et réservez sur une assiette. **3.** Ajoutez les herbes dans la soupe et versez dans des assiettes creuses. Ajoutez les œufs et 1 cuil. à café de pesto. Salez et poivrez. Dégustez chaud.

VARIANTE 2

1. Versez de l'huile dans un faitout et faites revenir l'oignon pendant 2 min. Ajoutez l'ail, les carottes, les pommes de terre et le céleri et saupoudrez de curry. Mélangez bien, versez 1 l d'eau et le lait de coco. **2.** Laissez mijoter 10 min, ajoutez les haricots rouges et laissez encore cuire 5 min. Versez dans des assiettes creuses, parsemez d'herbes, salez et poivrez.

VARIANTE 3

1. Versez de l'huile dans un faitout et faites revenir l'oignon pendant 2 min. Ajoutez l'ail, les carottes, les pommes de terre et le céleri. Saupoudrez de gingembre et ajoutez le mélange quatre-épices. Mélangez et versez l'eau bouillante. Laissez cuire 15 min. **2.** Faites cuire les nouilles de riz selon les indications du sachet et répartissez-les dans 4 bols. Égouttez les champignons de Paris et ajoutez-les dans le faitout, laissez encore mijoter 5 min. **3.** Versez dans les bols, ajoutez les herbes, du poivre et un bon trait de sauce soja. Dégustez.

VARIANTE 4

1. Versez de l'huile d'olive dans un faitout et faites revenir l'oignon pendant 2 min. Ajoutez l'ail, les carottes, les pommes de terre et la branche de céleri. Émiettez le cube de bouillon, ajoutez la pulpe de tomates et versez l'eau. Laissez mijoter pendant 10 min, ajoutez les pâtes, salez et poivrez. **2.** Laissez cuire 10 min. Servez dans des assiettes creuses, parsemez d'herbes, mélangez et ajoutez un peu de fromage râpé et un trait d'huile d'olive.

TOURTE FEUILLETÉE
AUX LÉGUMES ET À L'ESTRAGON

PRÉPARATION : 10 MIN
CUISSON : 35 MIN

MATÉRIEL
Moule à manqué

INGRÉDIENTS
pour 4 personnes

ÉPICERIE
2 pâtes feuilletées

RÉFRIGÉRATEUR
20 cl de crème fraîche

PLACARD
1 grosse boîte
de champignons de Paris
(300 g)
1 boîte de petits pois (200 g)
1 petite boîte de maïs
en grains (140 g)
2 œufs + 1 œuf
pour badigeonner
1 cuil. à soupe de moutarde
forte
2 cuil. à soupe d'estragon
séché
Sel, poivre

1. Préchauffez le four à 180 °C (th. 6). Égouttez les champignons de Paris, les petits pois et le maïs. **2.** Cassez 2 œufs dans un bol, ajoutez la moutarde forte, l'estragon, versez la crème, salez, poivrez et battez à la fourchette. **3.** Déroulez 1 pâte feuilletée dans un moule à manqué en remontant bien les bords. Déposez une couche de champignons de Paris, une de petits pois et terminez par une couche de maïs. Versez la préparation crémeuse, rabattez la pâte vers le centre. Ajoutez la deuxième pâte feuilletée sur le dessus et rabattez la pâte vers le fond du moule. **4.** Cassez 1 œuf dans un bol, battez-le à la fourchette et dorez la pâte. Faites une petite croix au centre pour former une cheminée. **5.** Enfournez pour 30 à 35 min. Dégustez bien chaud.

VARIANTE

POUR UNE TOUCHE PLUS EXOTIQUE, REMPLACEZ LA CRÈME PAR DU LAIT DE COCO ET L'ESTRAGON PAR DU CURRY.

Bowl quinoa, variation de betterave rouge, avocat et persil

PRÉPARATION : 20 MIN
CUISSON : 45 MIN

INGRÉDIENTS
pour 4 personnes

CHEZ LE PRIMEUR
4 betteraves crues
1 botte de persil frais
2 avocats
1 citron

PLACARD
1 cuil. à café de gingembre en poudre
2 cuil. à soupe de miel
240 g de quinoa
½ gousse d'ail
1 cuil. à café de moutarde forte
Vinaigre de cidre
Huile d'olive
Sel, poivre

1. Préchauffez le four à 180 °C (th. 6). Épluchez les 4 betteraves et coupez-en deux en morceaux. Mettez les morceaux dans un plat à four. Versez 1 filet d'huile d'olive et enfournez pour 25 min. **2.** Coupez les 2 autres betteraves en deux et râpez-les avec les gros trous de la râpe. Mettez-les dans un saladier. **3.** Au bout des 25 min, sortez le plat du four, saupoudrez de gingembre et ajoutez un filet de miel. Mélangez et enfournez encore pour 10 min. **4.** Faites cuire le quinoa selon les indications du paquet. **5.** Coupez les betteraves cuites en rondelles. Lavez et séchez le persil, ciselez-le finement. **6.** Préparez une vinaigrette pour les betteraves crues râpées. Épluchez et hachez la gousse d'ail. Mettez-la dans un bol, ajoutez 1 cuil. à café de moutarde forte, ajoutez 2 cuil. à soupe de vinaigre et 4 cuil. à soupe d'huile d'olive, salez, poivrez, émulsionnez. Versez sur les betteraves crues, ajoutez 3 cuil. à soupe de persil ciselé et mélangez bien. **7.** Épluchez les avocats, détaillez chaque moitié en fines tranches. Pressez le citron dessus et salez légèrement. **8.** Préparez les bowls : répartissez le quinoa dans le fond des bols, ajoutez ½ d'avocat, les betteraves râpées, les betteraves rôties et les rondelles de betteraves. Ajoutez 1 filet d'huile d'olive sur les rondelles de betteraves et parsemez de persil. Salez et poivrez.

ASTUCE

VOUS POUVEZ ACHETER DES BETTERAVES DÉJÀ CUITES POUR GAGNER DU TEMPS

NOUILLES DE RIZ SAUTÉES

AUX CHAMPIGNONS DE PARIS, CORIANDRE ET CACAHUÈTES GRILLÉES

PRÉPARATION : 15 MIN
CUISSON : 20 MIN

INGRÉDIENTS

pour 4 personnes

CHEZ LE PRIMEUR
3 oignons frais avec tige
2 choux chinois
1 botte de coriandre fraîche

PLACARD
3 gousses d'ail
350 g de nouilles de riz
1 boîte de champignons de Paris (250 g)
1 pincée de gingembre en poudre
2 cuil. à soupe de cacahuètes
Sauce soja
Huile neutre
Poivre

1. Épluchez et hachez l'ail. Épluchez les oignons frais et ciselez-les ainsi que le vert de la tige. Lavez les choux chinois et émincez-les. Lavez la coriandre et émincez-la. **2.** Faites cuire les nouilles de riz selon les indications du paquet et égouttez-les. **3.** Versez 1 filet d'huile dans un wok, ajoutez les oignons sans le vert et laissez cuire 2 min, ajoutez les choux chinois et laissez-les s'attendrir pendant quelques minutes. Ajoutez l'ail, les champignons et la moitié du gingembre. Mélangez et versez un bon filet de sauce soja. Mélangez bien, ajoutez les nouilles et les cacahuètes. **4.** Laissez cuire 2/3 min, poivrez, parsemez des tiges vertes de l'oignon, de coriandre et servez bien chaud. Rajoutez de la sauce soja selon les goûts.

VARIANTE

AJOUTEZ DU GINGEMBRE DANS LA PRÉPARATION ET VERSEZ UN PEU D'HUILE DE SÉSAME AVANT DE SERVIR.

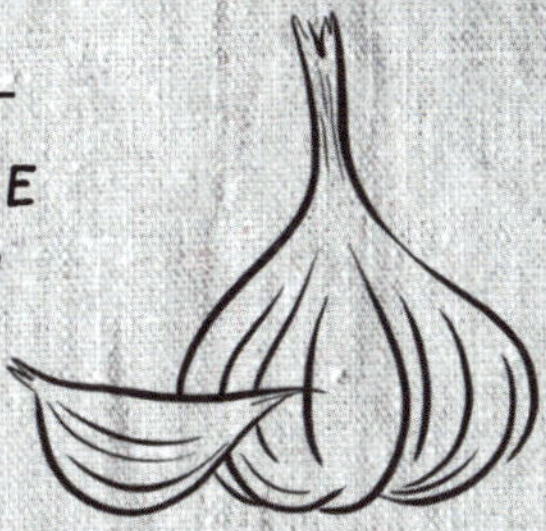

One pot pasta
en 4 versions

PRÉPARATION : 10 MIN
CUISSON : 14 MIN

INGRÉDIENTS
pour 4 personnes

CHEZ LE PRIMEUR
1 barquette de tomates cerise
250 g de roquette
1 botte de basilic frais

PLACARD
VARIANTE 1
500 g de pâtes
Huile d'olive
Sel, poivre

RÉFRIGÉRATEUR
120 g de fromage râpé

VARIANTE 2
5 gousses d'ail
500 g de pâtes
1 boîte de pulpe de tomates (200 g)
1 pincée de piment
1 pincée de sucre
Huile d'olive
Sel, poivre

VARIANTE 3
1 pot d'olives
500 g de pâtes
1 boîte de pulpe de tomates (200 g)
1 pincée de sucre
1,5 l d'eau
Huile d'olive
Sel, poivre

VARIANTE 4
1 oignon
3 gousses d'ail
500 g de pâtes
1 boîte de lait de coco (400 ml)
1 cuil. à soupe de curry
Huile neutre
Sel, poivre

PRÉPARATION POUR TOUTES LES RECETTES :

Lavez les tomates et coupez-les en deux ou en quatre. Lavez la roquette et le basilic et hachez-les grossièrement.

VARIANTE 1

1. Déposez les pâtes dans le fond d'un faitout, ajoutez les tomates, la roquette, le basilic, 4 cuil. à soupe d'huile d'olive, salez et poivrez. **2.** Versez 1,5 l d'eau environ et laissez cuire 12/14 min en mélangeant régulièrement. Servez avec du fromage râpé. Poivrez et salez à nouveau si nécessaire.

VARIANTE 2

1. Épluchez et ciselez l'ail. Déposez les pâtes dans le fond d'un faitout, ajoutez les tomates, la roquette, le basilic, l'ail, la pulpe de tomates, le piment, le sucre, 4 cuil. à soupe d'huile d'olive, salez et poivrez. **2.** Versez 1,5 l d'eau environ et laissez cuire 12/14 min en mélangeant régulièrement. Poivrez et salez à nouveau si nécessaire.

VARIANTE 3

1. Dénoyautez les olives. Déposez les pâtes dans le fond d'un faitout, ajoutez les tomates, la roquette, le basilic, les olives, la pulpe de tomates, le sucre, 4 cuil. à soupe d'huile d'olive, salez et poivrez. **2.** Versez 1,5 l d'eau environ et laissez cuire 12/14 min en mélangeant régulièrement. Poivrez et salez à nouveau si nécessaire.

VARIANTE 4

1. Épluchez et ciselez l'oignon et l'ail. Déposez les pâtes dans le fond d'un faitout, ajoutez les tomates, la roquette, le basilic, l'oignon, l'ail, le lait de coco, saupoudrez de curry, ajoutez 4 cuil. à soupe d'huile, salez et poivrez. **2.** Versez 1,5 l environ d'eau et laissez cuire 12/14 min en mélangeant régulièrement. Poivrez et salez à nouveau si nécessaire.

Frittata à la ratatouille,
olives noires et pousses d'épinards

PRÉPARATION : 10 MIN
CUISSON : 10/15 MIN

INGRÉDIENTS
pour 4 personnes

CHEZ LE PRIMEUR
1 petite botte de basilic frais
250 g de pousses d'épinards

RÉFRIGÉRATEUR
125 g de fromage râpé

PLACARD
8 œufs
1 boîte de ratatouille (400 g)
1 bocal d'olives noires
Huile d'olive
Sel, poivre

1. Lavez et hachez grossièrement le basilic. Cassez les œufs dans un bol, ajoutez 1 verre d'eau (12 cl), le basilic, salez et poivrez et battez à la fourchette. **2.** Préchauffez le gril du four. Versez un filet d'huile d'olive dans une poêle qui passe au four. Faites suer les pousses d'épinards pendant quelques minutes puis jetez le surplus d'eau. **3.** Ouvrez la boîte de ratatouille et le pot d'olives noires et ajoutez-les dans la poêle. Laissez bien réchauffer et ajoutez les œufs. Décollez au fur et à mesure avec une spatule les bords de la poêle pour que la préparation prenne plus rapidement. **4.** Quand le centre est pris, hors du feu, parsemez de fromage râpé, salez et poivrez. Enfournez pour quelques minutes jusqu'à ce que le fromage râpé fonde et que la frittata gonfle. Servez immédiatement.

ASTUCE

SI VOUS NE VOULEZ PAS UTILISER LE FOUR, APRÈS AVOIR PARSEMÉ DE FROMAGE RÂPÉ, COUVREZ BIEN LA POÊLE ET LAISSEZ CUIRE 5 BONNES MINUTES AVANT DE SERVIR.

RISOTTO DE BOULGOUR

AUX CHAMPIGNONS DE PARIS ET AUX POIREAUX

PRÉPARATION : 10 MIN
CUISSON : 20/25 MIN

INGRÉDIENTS

pour 4 personnes

CHEZ LE PRIMEUR
3 poireaux

PLACARD
1 boîte de champignons de Paris (250 g)
250 g de boulgour
1 cube de bouillon de légumes
Huile d'olive
Sel, poivre

1. Coupez le vert des poireaux. Incisez le blanc en croix et nettoyez-le sous l'eau. Hachez-le finement. Égouttez les champignons. **2.** Faites bouillir 1,5 l d'eau. Versez un bon filet d'huile d'olive dans une grande poêle ou un faitout et faites suer les poireaux pendant 5/6 min. Ajoutez le boulgour, mélangez bien. **3.** Émiettez le cube de bouillon sur la préparation et couvrez d'eau. Laissez cuire jusqu'à évaporation de l'eau et ajoutez de l'eau petit à petit jusqu'à ce que le boulgour soit tendre. **4.** Ajoutez les champignons de Paris, salez et poivrez. Mélangez et servez bien chaud.

VARIANTE

VARIEZ LES LÉGUMES EN FONCTION DES SAISONS : BLETTE, PATATE DOUCE, POIVRON, COURGETTE...

PILAF DE CHOU-FLEUR
AUX ÉPICES ET GINGEMBRE FRAIS

PRÉPARATION : 10 MIN

INGRÉDIENTS
pour 4 personnes

CHEZ LE PRIMEUR
1 petit chou-fleur
1 cm de gingembre
Quelques brins
de coriandre fraîche

PLACARD
1 oignon
1 cuil. à soupe de curry
300 g de riz
Huile neutre

1. Lavez le chou-fleur, enlevez les côtes et hachez le tout, côtes comprises. Épluchez et ciselez finement le gingembre et l'oignon. **2.** Versez de l'huile dans un grand faitout et faites revenir l'oignon et les côtes du chou-fleur pendant 2 min. **3.** Faites bouillir 1 l d'eau. Saupoudrez de curry et ajoutez le gingembre. Mélangez et ajoutez le chou-fleur et le riz. Mélangez jusqu'à ce que le curry enrobe bien toute la préparation et versez de l'eau à hauteur. Laissez cuire et ajoutez de l'eau jusqu'à ce que le riz soit cuit. **4.** Parsemez de coriandre et dégustez bien chaud.

VARIANTE

REMPLACEZ LE CURRY PAR UN MÉLANGE DE CUMIN, DE CURCUMA ET DE PAPRIKA.

RIZ À LA CARDAMOME, CURCUMA,
NOIX DE COCO FRAÎCHE ET CORIANDRE, EN 4 VERSIONS

INGRÉDIENTS

pour 4 personnes

CHEZ LE PRIMEUR
1 tranche de noix de coco
1 botte de coriandre fraîche
1 citron vert non traité

PLACARD

VARIANTE 1

1 oignon
1 cuil. à soupe de cardamome
1 cuil. à soupe de curcuma
1 pincée de cannelle
400 g de riz
Huile neutre
Sel, poivre

VARIANTE 2

400 g de riz
1 pincée de mélange quatre-épices
1 gousse d'ail
1 cuil. à café de menthe séchée
1 pincée de gingembre en poudre
1 pincée de piment
1 boîte de petits pois (200 g)

VARIANTE 3

400 g de riz
1 cuil. à soupe de gingembre en poudre
Sauce soja

VARIANTE 4

2 oignons
1 cuil. à café de gingembre en poudre
400 g de riz rond ou à risotto
1 cube de bouillon de légumes
1 boîte de lait de coco (400 ml)
Huile neutre
Sel, poivre

VARIANTE 1

1. Faites bouillir 1,5 l d'eau. Enlevez l'écorce de la noix de coco et hachez-la finement. Lavez la coriandre, séchez-la et ciselez-la. Épluchez et ciselez l'oignon. Versez de l'huile dans une poêle et faites-le fondre pendant 2 min. **2.** Saupoudrez de cardamome, de curcuma, de cannelle et ajoutez la chair de la noix de coco. Mélangez, ajoutez la coriandre (gardez-en 1 cuil. à soupe pour le service) et le riz. Mélangez et versez de l'eau petit à petit jusqu'à ce que le riz soit cuit. Salez et poivrez. **3.** Parsemez de coriandre avant de servir et ajoutez un filet de citron vert.

VARIANTE 2

1. Faites cuire le riz selon les indications du paquet, ajoutez le quatre-épices dans l'eau de cuisson. **2.** Lavez et séchez la coriandre. Zestez et pressez le citron. Épluchez et coupez l'ail en 4. **3.** Préparez une pâte avec la coriandre. Mettez la coriandre dans un mixeur, ajoutez l'ail, le jus et les zestes de citron, la menthe, le gingembre et le piment. Mixez bien. **4.** Égouttez les petits pois et ajoutez-la dans le riz tout juste égoutté ainsi que la pâte de coriandre. **5.** Faites des écailles de noix de coco. Mélangez bien, goûtez, rectifiez l'assaisonnement et servez avec quelques écailles de noix de coco.

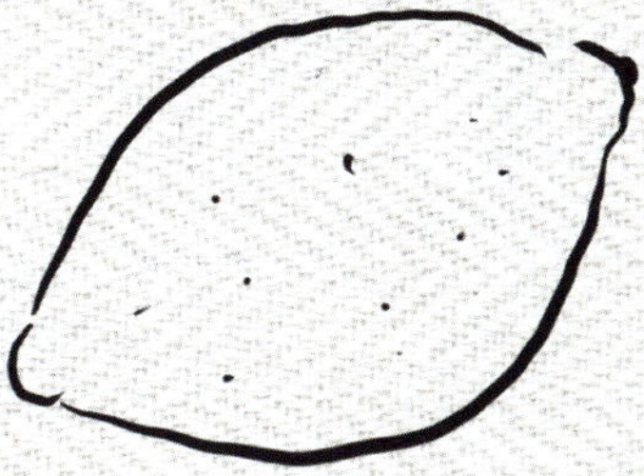

VARIANTE 3

1. Zestez et pressez le jus du citron vert. Lavez, séchez et ciselez la coriandre. Faites des écailles de noix de coco à l'aide d'un économe. **2.** Faites cuire le riz avec le gingembre selon les indications du paquet. **3.** Égouttez et ajoutez les écailles de coco, le jus de citron et les zestes. Mélangez et laissez refroidir. **4.** Dégustez froid ou tiède avec un filet de sauce soja.

VARIANTE 4

1. Lavez la coriandre, séchez-la et ciselez-la. Enlevez la peau de la noix de coco et hachez-la. Épluchez et ciselez les oignons. **2.** Faites bouillir 1,5 l d'eau. Versez de l'huile dans une poêle ou un faitout et faites revenir les oignons pendant 2 min. Ajoutez le gingembre, la coco hachée, la moitié de la coriandre et le riz. Mélangez, émiettez le cube de bouillon, versez le lait de coco et couvrez d'eau. Mélangez, salez et laissez cuire en ajoutant au fur et à mesure de l'eau jusqu'à ce que le riz soit bien moelleux. **3.** Dégustez chaud avec un trait de citron vert. Salez et poivrez selon les goûts.

TIMBALE DE PÂTES

À LA RATATOUILLE ET RONDELLES D'OLIVES NOIRES AU BASILIC

PRÉPARATION : 15 MIN
CUISSON : 28 MIN

INGRÉDIENTS

pour 4 personnes

CHEZ LE PRIMEUR
1 botte de basilic frais
1 piment vert

RÉFRIGÉRATEUR
150 g de fromage râpé

PLACARD
400 g de pâtes (coquillettes, rigatonis, macaronis...)
1 pot d'olives noires
1 grosse boîte de ratatouille (500 g)
4 biscottes
Huile d'olive
Sel, poivre

1. Faites cuire les pâtes *al dente* selon les indications du paquet. Égouttez-les et mettez-les dans un saladier. Lavez le basilic (gardez 3 feuilles pour le service) et ciselez-le finement. **2.** Lavez le piment vert, coupez-le en deux, enlevez les graines et ciselez-le finement. **3.** Ouvrez le pot d'olives, gardez-en 4, dénoyautez-les si nécessaire et coupez-les en rondelles. Ajoutez la ratatouille dans les pâtes, ajoutez le basilic, le piment, les olives noires et le fromage râpé. Salez et poivrez. Mélangez bien. **4.** Préchauffez le four à 180 °C (th. 6). Écrasez les biscottes en fine chapelure. Huilez un moule et tapissez-le de chapelure. Coupez en deux les 4 olives noires restantes et déposez-les en rond dans le fond du moule. Ajoutez la préparation en la tassant bien. Saupoudrez de chapelure et enfournez pour 20 min. **5.** Laissez refroidir quelques minutes, démoulez et ajoutez les feuilles de basilic sur le dessus. Servez.

VARIANTE

REMPLACEZ LA RATATOUILLE PAR DES PETITS POIS ET LE BASILIC PAR DE LA MENTHE.

Beignet de maïs
à la mexicaine

PRÉPARATION : 15 MIN
CUISSON : 6 À 8 MIN

INGRÉDIENTS

pour 4 personnes

CHEZ LE PRIMEUR
1 botte de coriandre fraîche
½ botte de menthe fraîche
1 piment vert
1 citron vert

PLACARD
1 oignon
1 boîte de maïs
(env. 140 g)
1 œuf
25 g de farine
Huile de friture
Sel, poivre

ASTUCE

POUR UNE VERSION SANS GLUTEN, UTILISEZ DE LA MAÏZENA®.

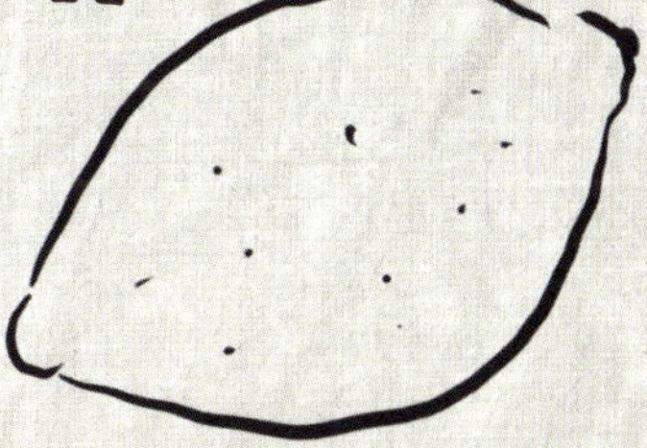

1. Lavez les bottes de coriandre et de menthe, coupez les tiges et hachez les feuilles grossièrement. Lavez le piment, coupez-le en deux, enlevez les graines et hachez-le grossièrement. Épluchez l'oignon et coupez-le en six. **2.** Égouttez le maïs et mettez-le dans un mixeur, ajoutez l'oignon, le piment, la menthe et la coriandre. Mixez grossièrement. Versez dans un saladier. **3.** Cassez l'œuf dans un bol et battez-le à la fourchette. Versez dans le saladier ainsi que la farine, salez et poivrez. Mélangez bien et formez des galets dans la paume de vos mains. **4.** Versez de l'huile de friture dans une poêle et faites dorer les beignets de tous les côtés jusqu'à ce qu'ils soient dorés. Disposez-les sur du papier absorbant, déposez dans un plat, pressez le jus du citron vert et servez.

Salade de lentilles vertes aux pommes,
gingembre frais et coriandre

PRÉPARATION : 15 MIN
CUISSON : 15 À 20 MIN

RÉFRIGÉRATEUR
Moutarde

INGRÉDIENTS
pour 4 personnes

CHEZ LE PRIMEUR
1 cm de gingembre
1 botte de coriandre fraîche
1 pomme verte Granny Smith

PLACARD
300 g de lentilles vertes
1 oignon rouge
3 cuil. à soupe de vinaigre de cidre
1 cuil. à café de moutarde
5 cuil. à soupe d’huile d’olive
Sel, poivre

1. Faites cuire les lentilles selon les indications du paquet. Égouttez-les, passez-les sous l'eau froide et mettez-les dans un saladier. Épluchez et ciselez l'oignon rouge. Épluchez et râpez finement le gingembre. Lavez la coriandre, essuyez-la et ciselez-la. **2.** Préparez la vinaigrette. Mettez la moutarde forte dans un bol, ajoutez le vinaigre et l'huile d'olive, salez, poivrez et émulsionnez avec une fourchette. **3.** Ajoutez, dans le saladier, l'oignon rouge, le gingembre et la coriandre, versez la vinaigrette et mélangez bien. **4.** Lavez la pomme et coupez-la en cubes, incorporez-la dans la salade de lentilles, mélangez. Salez et poivrez si nécessaire.

ASTUCE

POUR UNE SALADE COMPLÈTE, AJOUTEZ DES ŒUFS LÉGÈREMENT COULANTS SUR LE DESSUS AVANT DE SERVIR.

Purée de lentilles et riz au cumin,
pointe de cannelle, fenouil émincé, citron et menthe fraiche

PRÉPARATION : 10 MIN
CUISSON : 40 À 45 MIN

INGRÉDIENTS

pour 4 personnes

CHEZ LE PRIMEUR
1 fenouil
4 tiges de menthe fraîche
1 citron

PLACARD
250 g de lentilles
2 oignons
1 cuil. à café de cumin
1 pincée de cannelle
150 g de riz à risotto
Huile d'olive
Sel, poivre

1. Faites cuire les lentilles selon les indications du paquet dans une cocotte. Épluchez et hachez les oignons. **2.** Versez de l'huile d'olive dans une poêle et faites fondre les oignons pendant 3 min, ajoutez le cumin et la pointe de cannelle. **3.** Quand les lentilles sont cuites, ajoutez les oignons avec l'huile de cuisson et le riz. Laissez cuire en mélangeant régulièrement et ajoutez de l'eau si nécessaire. Salez et poivrez. **4.** Lavez le fenouil et émincez-le finement. Mettez-le dans un bol, citronnez-le, salez et poivrez. Lavez la menthe, séchez-la et ciselez-la, ajoutez-la sur le fenouil. **5.** Servez la purée accompagnée du fenouil.

ASTUCE

CE PLAT DE LENTILLES ET DE RIZ EST D'ORIGINE LIBANAISE. ON AJOUTE, AVANT DE LE SERVIR, DES OIGNONS CARAMÉLISÉS DANS DE L'HUILE D'OLIVE À LA POÊLE. ON LE DÉGUSTE TIÈDE OU FROID.

Liste des recettes

Photos des ingrédients : (c) Istock

Direction : Catherine Saunier-Talec
Responsable éditoriale : Lisa Grall
Responsable de projet : Marie Naudet
Responsable artistique : Cecilia Rehbinder
Relectures : Charlotte Müller et Marie-Ève Foutieau
Mise en page et illustrations : Studio Twist
Fabrication : Amélie Latsch
Responsable partenariats :
Dana Lichiardopol (dlichiardopol@hachette-livre.fr)
Responsable de la communication :
Johanna Rodrigue (jrodrigue@hachette-livre.fr)

Dépôt légal : avril 2022
62-9811-5/01
ISBN : 978-2-01-713846-4
Imprimé en Espagne

PAPIER À BASE DE FIBRES CERTIFIÉES

hachette s'engage pour l'environnement en réduisant l'empreinte carbone de ses livres. Celle de cet exemplaire est de : 200 g éq. CO_2
Rendez-vous sur www.hachette-durable.fr